AF349206

Dominar el estrés

Pascale Patte-Wilbert

Dominar el estrés

EDICIONES OBELISCO

Si este libro le ha interesado y desea que le mantengamos informado
de nuestras publicaciones, escríbanos indicándonos qué temas son de su interés
(Astrología, Autoayuda, Psicología, Artes Marciales, Naturismo,
Espiritualidad, Tradición…) y gustosamente le complaceremos.

Puede consultar nuestro catálogo en www.edicionesobelisco.com

Colección Psicología
Dominar el estrés
Pascale Patte-Wilbert

1.ª edición: noviembre de 2019

Título original: *Apprivoiser le stress*

Traducción: *Juli Peradejordi*
Maquetación: *Isabel Also*
Corrección: *TsEdi, Teleservicios Editoriales, S. L.*
Diseño de cubierta: *TsEdi, Teleservicios Editoriales, S. L.*

© 2018, Éditions de Mortagne.
(Reservados todos los derechos)
© 2019, Ediciones Obelisco, S. L.
(Reservados los derechos para la presente edición)

Edita: Ediciones Obelisco, S. L.
Collita, 23-25. Pol. Ind. Molí de la Bastida
08191 Rubí - Barcelona - España
Tel. 93 309 85 25 - Fax 93 309 85 23
E-mail: info@edicionesobelisco.com

ISBN: 978-84-9111-516-8
Depósito Legal: B-24.150-2019

Impreso en los talleres gráficos de Romanyà/Valls S. A.
Verdaguer, 1 - 08786 Capellades - Barcelona

Printed in Spain

Debemos ser el cambio que queremos ver en el mundo.

Cita atribuida a GANDHI

Agradecimientos

Gracias a todas las personas que he conocido a través de mi actividad como sofróloga y que me han provocado el deseo de escribir este libro, especialmente a través de nuestras conversaciones.

Gracias a Jacky, mi compañero de vida, que siempre me ha apoyado y animado en mis iniciativas y cuyos consejos externos enriquecen regularmente mi punto de vista.

Gracias a mi amiga Margo «ojo de lince», una excelente correctora profesional, cuyos comentarios y sugerencias han contribuido en gran medida a mejorar este «escrito».

Finalmente, gracias a Editions de Mortagne, que me hizo el honor de publicar este libro, y a las «Mortagnettes», por su colaboración tan efectiva y agradable a lo largo de este «parto».

Prefacio

Grandes tensiones, pequeñas tensiones, algunos son sus víctimas mientras otros se benefician de ellas. Todos estamos bajo estrés, pero nuestra forma de vida depende en gran medida de que respetemos las reglas de un estilo de vida físico y mental adaptado a nuestro entorno.

Por eso es necesario conocer los mecanismos del estrés para poder manejarlos mejor.

Éste es precisamente el interés del libro de Pascale Patte-Wilbert, pues presenta, por primera vez y con gran honestidad intelectual, un análisis detallado de los mecanismos del estrés en sus diversas formas y expresiones.

La utilidad de lo que ella propone es obvia, porque las herramientas que se ofrecen en este libro nos permiten comprometernos en seguida en un verdadero proceso de cambio que combina serenidad y equilibrio.

Gracias a los consejos presentados en este libro, el lector podrá aprender rápidamente a identificar y analizar las causas de su estrés para encontrar la mejor estrategia de adaptación, esencial para su equilibrio y bienestar.

Pascale Patte-Wilbert propone diferentes métodos para, simplemente, hacer del estrés ineludible un aliado en lugar de un enemigo. Sugiere que lo domestiquemos en vez de sufrirlo.

Felicito calurosamente a la autora y estoy convencido del gran éxito de su proyecto, pues sirve para todo el mundo.

William Bonnet Psicólogo-Sofrólogo
Director de la Escuela de Somatoterapia
y Sofrología Aplicada de Tours

Introducción

Cualquier estimulación, ya sea positiva o negativa, genera estrés. Éste se define como un mecanismo de adaptación a los cambios y demandas que percibimos en nuestro entorno. Estas peticiones pueden ser internas (situaciones imaginarias, anticipación de un acontecimiento futuro, recuerdo de un momento pasado…) o externas (accidentes, conflictos, agresiones, pero también ocasiones alegres como bodas, nacimientos, viajes…).

El estrés no es un mal en sí mismo, ya que gracias a él nuestros antepasados se adaptaron a su entorno y adoptaron, a lo largo de los siglos, comportamientos de supervivencia que han permitido que la humanidad se desarrolle.

Lo que puede llegar a ser perjudicial es un alto nivel de estrés y su evolución. Dado que los factores desencadenantes varían de un individuo a otro, corresponde a cada individuo conocerse mejor a sí mismo, determinar sus «factores de estrés» e identificar dentro de él las señales de advertencia para reaccionar en consecuencia y a tiempo.

Para algunos, el estrés es el azote del siglo y todos lo sufriremos. Es cierto que nuestro ritmo de vida actual parece acelerarse sin parar; queremos más y más, más rápido. Debemos ser constantemente eficientes, incluso excelentes, los errores no son aceptados, la debilidad debe ser desterrada, la competencia es siempre más dura y el tiempo es un verdadero tirano. Bajo un estrés constante, nos resulta cada vez más difícil adaptarnos, tanto física como mentalmente, a las diversas presiones a las que nos vemos sometidos.

El estrés es causado por los acontecimientos a los que nos enfrentamos todos los días; nuestras emociones, sentimientos, pensamientos, preocupaciones, ansiedades y dudas generalmente se convierten en tensiones y dolores físicos, más o menos severos dependiendo de la naturaleza de los estímulos. Nuestro cuerpo reacciona y nos dice que duele. Pero no sabemos, «vamos a apretar los dientes», «vamos a darnos la vuelta», esperando a que pase, y pasa, porque la vida nos está arrastrando a su frenético curso. Pero nuestro cuerpo recuerda: tarde o temprano, recuerda, y puede hacérnoslo pagar muy caro por no escucharle.

La vida cotidiana se vuelve dolorosa, incluso insoportable: ya no podemos, ya no se puede hacer frente. Se acumulan dolores y molestias: irritabilidad, ansiedad, migraña, dolor en diferentes partes del cuerpo, insomnio, pérdida de apetito, pérdida de memoria, fatiga crónica…

Sufrimos y nos sentimos impotentes, incapaces de dar un paso atrás. Perdemos la confianza en nosotros mismos, ya no encontramos sentido en nuestras vidas, nos sentimos culpables por no ser capaces de reaccionar. Nuestras relaciones se están deteriorando y también nuestra salud. La infelicidad se instala, la depresión y la enfermedad también, porque ya no encontramos el equilibrio entre las exigencias de la vida cotidiana y nuestra capacidad para responder a ellas.

Por lo tanto, es importante actuar antes de que sea demasiado tarde, aprendiendo a manejar el estrés, y este libro te ayudará a hacerlo.

La primera parte tiene por objeto comprender mejor los mecanismos del estrés, así como los procesos automáticos que se desencadenan cuando uno se enfrenta a una situación desestabilizadora. Será más fácil luchar contra ellos cuando los conozcas. También descubrirás el papel crucial de las hormonas del estrés. Esto te proporcionará una imagen más clara de lo que está sucediendo en tu cuerpo y tu mente, y te sentirás menos impotente una vez que seas capaz de entender y reconocer las fases de este proceso.

La segunda parte propone pruebas para definir tus estados emocionales, para tomar conciencia de lo que te hace vulnerable (estilo de vida, trabajo, situaciones recurrentes, entorno…) y para evaluar tu nivel de estrés actual.

La tercera parte te proporciona las claves para un enfoque de manejo del estrés que te ayudará a reducir tu vulnerabilidad.

Finalmente, la cuarta parte presenta una serie de prácticas que pueden apoyarte en este aprendizaje.

Al final de este libro, tendrás una caja de herramientas y pautas que seguir de acuerdo a tus necesidades, para establecer el bienestar en tu vida gradualmente y de manera sostenible.

¡Que tengas una buena lectura!

PRIMERA PARTE

Comprender el estrés

*Nunca deberíamos esperar a que la enfermedad
nos obligue a detenernos para pensar
en lo que realmente importa en la vida.*

H. JACKSON BROWN,
publicista y escritor estadounidense

Definir el estrés

El concepto de estrés fue introducido a principios del siglo xx por Hans Selye, un endocrinólogo canadiense de origen austriaco que demostró su impacto en la salud.

Sus teorías sobre la respuesta del cuerpo a los factores de estrés físicos, ambientales o psicológicos han revolucionado la comprensión de las causas y mecanismos de la enfermedad, y han puesto de relieve los vínculos entre el cerebro, las emociones y el cuerpo.

En 1956, Selye publicó *Le stress de la vie*. A través de este libro, enriquece la búsqueda de un nuevo concepto del diagnóstico: el síndrome de adaptación general, es decir, todas las respuestas del cuerpo sometidas a limitaciones ambientales (trauma natural, choque emocional, reacción postquirúrgica…). El estrés entra así en el repertorio de las enfermedades del mundo moderno y en las lenguas modernas.

El estrés es un fenómeno natural que se produce cada vez que tenemos que hacer un esfuerzo para adaptarnos a las exigencias y cambios de nuestro entorno. Esto desemboca en un conjunto de cambios fisiológicos, biológicos y psicológicos.

El estrés corresponde a una alteración del equilibrio del cuerpo y a una alteración del principio de la homeostasis.

¿Qué es el principio de la homeostasis?

La homeostasis consiste en mantener los parámetros biológicos de una constante individual frente a los cambios en el entorno externo, es decir, el individuo siempre buscará restaurar los niveles previos de equilibrio. El restablecimiento de este equilibrio ayuda a mantener estable el entorno interior, una condición esencial para la supervivencia.

La homeostasis no es sólo biológica: también tiene su contraparte psicológica. Para protegerse de las agresiones a las que está sometida, la psique establece mecanismos de defensa para evitar el colapso psicológico y permitir que el individuo «aguante», incluso si sus condiciones de vida son delicadas.

Entre los mecanismos de defensa más conocidos, mencionaremos:

- Represión: se trata de mantener fuera del campo de la conciencia sentimientos, recuerdos o impulsos dolorosos cuya percepción sería demasiado dolorosa.
- Sublimación: se trata de transformar los impulsos incompatibles con nuestras exigencias sociales, morales o éticas en algo noble (por ejemplo, satisfacer un impulso agresivo practicando un deporte de combate).
- Proyección: este mecanismo consiste en atribuir inconscientemente a los demás miedos y deseos prohibidos, cuya representación consciente estaría cargada de angustia o culpa.
- Identificación: buscamos parecernos a un modelo cuyos atributos envidiamos.
- Entrenamiento de reacción: este mecanismo consiste en adoptar una actitud radicalmente opuesta a la que por lo general acompañaría al deseo en cuestión.

El lector interesado en este tema encontrará al final del libro referencias bibliográficas para profundizar en él.

También hay que tener en cuenta los diferentes factores estresantes y las tensiones correspondientes: un atleta que se entrena para una competición y una persona que pierde a un ser querido experimentan una ruptura con el principio homeostático, pero en el primer caso, el individuo se ha preparado para el evento, y hablaremos sobre el «estrés beneficioso», mientras que en el segundo caso, la persona está colapsada y sufre un «estrés patógeno». Con esta distinción, debemos tener en cuenta que la mayoría de las veces, cuando hablamos de estrés nos referimos a este aspecto patógeno. Para muchas personas, estar estresado es como «sentirse mal».

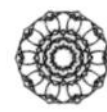

El mecanismo del estrés

Un evento estresante causa una reacción en cadena que comienza en el cerebro y termina en la secreción de hormonas del estrés por las glándulas suprarrenales.

Hormonas de estrés

Como acabamos de ver, el estrés es una alteración del equilibrio homeostático, que se produce principalmente bajo la influencia de determinadas sustancias químicas: las hormonas del estrés.

La ACTH (hormona adrenocorticotrófica), u hormona corticotrópica, es secretada por la glándula pituitaria (la glándula en la base del cerebro que regula la secreción de hormonas). Su papel es el de estimular las glándulas suprarrenales, que liberan adrenalina y cortisol.

Adrenalina

Llamada la «hormona guerrera», moviliza la energía disponible para preparar al cuerpo de modo que pueda responder al estrés y darle la fuerza muscular para luchar o escapar de una situación amenazante. Sus efectos son instantáneos: la frecuencia cardíaca y la respiración se aceleran (pulmones, garganta y fosas nasales se abren para dejar entrar más aire); las arterias se contraen y la presión arterial aumenta; las venas se dilatan para facilitar la circulación sanguínea y la oxigenación. La sangre oxigenada se envía a los músculos. Las pupilas se dilatan. Todos nuestros sentidos están alerta: ante un peligro inminente, el cuerpo se prepara para reaccionar, evitar la amenaza, huir o luchar si es necesario.

Pero la adrenalina no funciona sola. Apenas unos minutos después de que su producción se haya completado, se libera otra hormona crucial: el cortisol.

El cortisol

El propósito del cortisol es proporcionar al cerebro la energía suficiente para ayudarnos en la fase de adaptación al estrés. Esta energía la obtendrá de las grasas que transforma en azúcares, favoreciendo así la acción de la adrenalina. Las dos hormonas trabajan juntas durante la respuesta al estrés.

El cortisol también está implicado en la regulación de la presión arterial, la función cardiovascular y la función inmunitaria. Es él quien toma el control para que el cuerpo reaccione ante lo que considera un peligro. Para obtener la máxima eficacia, algunas funciones pueden dejarse en reposo temporalmente (digestiva o inmunitaria, por ejemplo).

El cortisol activa dos áreas del cerebro: la corteza cerebral, para que reaccione al estímulo estresante (escape, ataque, inmovilización, compensación...), y el hipocampo, que reduce la reacción. Si el estrés es demasiado grande o prolongado, el hipocampo saturado de cortisol ya no puede regularlo. El cortisol invade el cerebro y crea un estado depresivo, el principal factor en la progresión de las enfermedades.

Fuera de los períodos de estrés, el cortisol también tiene un papel esencial. Mantiene el equilibrio energético del cuerpo. Su ciclo de secreción alcanza su punto máximo por la mañana y disminuye lentamente durante el día. El responsable del famoso cansancio del final del día es él.

Otras hormonas también desempeñan un papel en el proceso de respuesta al estrés:

Oxitocina

Esta hormona juega múltiples papeles. Segregada por el hipotálamo y almacenada en la glándula pituitaria, se libera en el torrente sanguíneo y tiene diferentes efectos:

- Fisiológicamente: durante el parto, por ejemplo, para estimular las contracciones del útero, o durante la lactancia, cuando el bebé está amamantando del pecho de la madre, para hacer que la leche se expulse.
- En el desarrollo de una relación de apego: al promover la generosidad, la empatía y la confianza, facilita la creación de relaciones duraderas.
- En el campo que nos interesa, el del proceso de adaptación al estrés, tiene la capacidad de disminuir los niveles de cortisol en el cuerpo, una capacidad muy útil, ya que sabemos que los niveles altos y mantenidos de cortisol son perjudiciales para la salud.
- También desempeña un papel clave en la regulación del estado de ánimo: un alto nivel de oxitocina dará lugar a una sensación de bienestar y tranquilidad.

Vasopresina

La hormona antidiurética (HAD), también conocida como vasopresina, es secretada por el hipotálamo y liberada por la glándula pituitaria en el torrente sanguíneo, donde tiene varios efectos, incluyendo:

- Un efecto antidiurético que permite la reabsorción de agua en el cuerpo y también la reducción de los niveles de orina.
- Un efecto vasoconstrictor (raramente deseable) que lleva al estrechamiento de los vasos sanguíneos y puede aumentar la presión arterial.
- Una acción agregadora (coagulante) de las plaquetas en situaciones estresantes en las que su secreción aumenta considerablemente.
- Un papel corticotrópico (cuyas acciones son similares a las de la cortisona) mediante la intensificación de la secreción de ACTH (hormona adrenocorticotrófica), que a su vez estimula las glándulas suprarrenales y de la que hemos hablado anteriormente.

Es importante entender que este proceso de adaptación al estrés no es duradero: tan pronto como la situación estresante pierda intensidad, tan pronto como se dé la respuesta adecuada, el nivel de hormonas secretadas disminuirá y se restaurará el equilibrio homeostático. Las funciones dejadas en reposo se reactivan, el cuerpo se recupera y reanuda su funcionamiento normal... hasta la próxima vez.

El peligro para el cuerpo reside en el estrés que persiste y que ya no permite esta recuperación: el nivel de hormonas del estrés sigue siendo demasiado alto, las funciones puestas temporalmente en espera no se reactivan de forma óptima y las disfunciones pueden aparecer de forma permanente. Aprender a dominar el estrés es por lo tanto vital para mantener el equilibrio en el cuerpo y el cerebro.

Esta presentación del papel de las hormonas en el síndrome de ajuste de estrés general ha sido muy breve. Este papel es, por supuesto, muy complejo, y si desea saber más, al final del libro encontrará varias referencias y diversos recursos, especialmente www.stresshumain.ca, que tiene una página bien documentada sobre biología del estrés.

Ingredientes del estrés

La intensidad de la respuesta al estrés variará dependiendo de si se trata de un estrés virtual (una evocación de una situación estresante que nunca se ha experimentado) o de un estrés ya experimentado. A menudo es más fácil manejar una situación estresante que ya ha ocurrido, pues conocemos, al menos en parte, el modo de respuesta adecuado. Por otro lado, la mención de una situación hipotética a veces da lugar a manifestaciones emocionales desproporcionadas porque es difícil imaginar la respuesta adecuada.

Pero, incluso si la fuente de estrés difiere para cada individuo, los investigadores han establecido que hay, para cada situación estresante y para todos, un conjunto de elementos comunes que causan la secreción de hormonas del estrés:

- Pérdida de control: no tienes control o quizá tienes un control débil sobre la situación (ejemplos: tienes una cita importante y estás atascado en un embotellamiento o te enteras de que un ser querido tiene una enfermedad grave).
- El evento experimentado es inesperado o no puedes predecir cómo se desarrollará una situación futura (por ejemplo: tienes un viaje de negocios planeado para la próxima

semana y te enteras de que se está considerando una huelga de compañías aéreas sin fecha de finalización).

- Te enfrentas a algo completamente nuevo (ejemplo: todo el sistema informático de tu empresa, en el que has estado trabajando durante veinte años, ha cambiado y tendrás que utilizar un software sobre el que no tienes absolutamente ningún control); tu ego, es decir, la representación y conciencia que tienes de ti mismo, se siente amenazado: dudas de tus habilidades y destrezas o eres cuestionado por quienes te rodean (ejemplo: tu jefe te hace preguntas específicas e insistentes sobre cómo manejaste un caso, como si no creyera en la efectividad de tu método).

Aunque sólo se cumpla uno de estos criterios, el indicador de «peligro» se enciende y activa todo el proceso de adaptación. Pero ¿qué entendemos por «peligro»?

Como se mencionó en la introducción, el mecanismo del estrés permitió que nuestros antepasados sobrevivieran desarrollando sus habilidades para sobrellevar las situaciones. Los primeros humanos se enfrentaron a peligros muy reales, incluyendo depredadores, animales salvajes o tribus hostiles, y el cerebro reptiliano cumplió perfectamente su función ayudando al cuerpo a resistirse a ellos. En nuestro tiempo, el cerebro reptiliano todavía es quien controla, pero desafortunadamente no distingue entre el mamut al que nuestros antepasados tuvieron que enfrentarse y el embotellamiento en el que nos encontramos atrapados cuando hemos de asistir a una reunión muy importante. Por lo tanto, nos corresponde a nosotros indicarle la diferencia entre estas dos situaciones.

Las dos caras del estrés

Frente a estas solicitudes o restricciones, es muy posible que sientas que tienes suficientes recursos para responder a ellas, y en este caso, experimentarás un estrés de ayuda (estrés bueno) que te permitirá tomar las medidas adecuadas. Si piensas que no tienes suficientes recursos, entonces el estrés se volverá molesto (estrés malo) y causará tensiones adicionales, inhibiendo la acción.

El estrés «bueno»

El estrés «bueno» suele ir acompañado de emociones positivas (placer, satisfacción, emoción, motivación). Es beneficioso y proporciona un sentido de eficiencia que facilita la aceptación de las tensiones momentáneas que conlleva la vida, lo que nos da energía y nos hace más productivos y eficaces. A través de la estimulación que proporciona, permite realizar proyectos agradables, ayuda a los artistas a crear, lleva a los atletas a la victoria, en definitiva ayuda a todos a dar lo mejor de sí mismos y a superarse. El buen estrés puede convertirse en la fuerza motriz de la vida y algunos lo provocarán para experimentar ese subidón de adrenalina.

El estrés «malo»

Por el contrario, el estrés «malo» va acompañado de emociones y pensamientos desagradables. La noción de placer ha desaparecido y ha dado paso a la sensación de estar sometido a la situación y ser ineficaz. El estrés malo desorganiza e inhibe la capacidad de actuar. La tensión se vuelve insoportable, se establecen la confusión y la pérdida de confianza en sí mismo, la capacidad de concentración disminuye y la ansiedad aumenta. A largo plazo, este estrés malo puede convertirse en patógeno, es decir, causar enfermedades, comportamientos inapropiados, trastornos físicos o psíquicos serios, que conducen a la depresión o al agotamiento.

Tomemos el ejemplo de Fabien y Dimitri, dos adolescentes de doce años, amigos de la infancia, que pertenecen al mismo club de ciclismo de montaña. En los próximos días, participarán en una competición en un circuito que conocen bien por haberlo practicado durante su entrenamiento. A medida que pasan los días, el estrés comienza a afectar a ambos.

Fabien, carácter aventurero, siempre dispuesto a nuevas experiencias, es estimulado por este estado. Revisa el circuito, los tramos difíciles, los baches más delicados, los saltos más peligrosos, e imagina cómo realizarlos. También revisa los tramos que se perdió en el entrenamiento y establece una nueva forma de abordarlos. Se siente en la cima de su juego y motivado por este desafío.

Por su parte, Dimitri, menos imprudente que su amigo, también está revisando este circuito en el que ya ha experimentado dificultades. Piensa en los tramos que han sido un problema para él, en los baches que le hicieron perder el equilibrio, en los saltos que le hicieron caer. Es incapaz de encontrar nuevas formas de enfrentarse a ellos. Se repite a sí mismo: «No puedo hacerlo». Siente que el miedo interfiere, que la ansiedad aumenta y que todo se vuelve confuso en su mente. Teme hacer el ridículo frente a los demás y quiere renunciar a esta competición.

Fabien es estimulado por un «estrés bueno» que le ayuda a activar sus habilidades, mientras que Dimitri está angustiado y desanimado por un «estrés malo» que podría paralizarlo durante la acción.

Este «estrés malo» es el tema de esta pequeña guía, porque suele ser a lo que nos referimos cuando hablamos de estrés. Poco a poco lo controlaremos y trataremos de llevarnos bien con él.

La evolución del estrés

Es importante comprender cómo evoluciona el estrés. No nos despertamos una mañana tan estresados que no podemos hacer frente a nuestro día. El estrés se ha instalado gradual e insidiosamente y, por desgracia, hemos permitido que evolucione cuando hace tiempo que podíamos haber actuado.

La teoría de Hans Selye describe tres etapas de la evolución del síndrome de adaptación general: la fase de alarma, la fase de resistencia y la fase de agotamiento.

La fase de alarma

La fase de alarma se caracteriza por cambios en la sangre (aumento de la presión sanguínea, dilatación de las venas) y cambios hormonales, así como por la estimulación de ciertas áreas del cerebro. Todos nuestros sentidos están alerta y la producción de hormonas del estrés prepara nuestro cuerpo para reaccionar ante lo que percibe como un peligro. Puede movilizar toda su energía a la vez a expensas de otros sistemas, como el sistema inmunológico, lo que nos hace vulnerables a las enfermedades. Si esta fase de alarma se repite con demasiada frecuencia, el cuerpo ya no tiene tiempo de recargar sus pilas y los síntomas fisiológicos se multiplican para advertirnos de un mal funcionamiento. Desafortunadamente, lo ignoramos la mayor parte del tiempo, siguiendo el ritmo frenético de la vida, que se ha convertido en el nuestro, y la reacción de alarma da paso a la fase de resistencia.

Marie, enfermera, lleva trabajando en una sala de pediatría durante varios años. Con el tiempo, el tamaño del equipo se ha reducido y la carga de trabajo ha aumentado. Marie ama su trabajo y a los niños que conoce a diario. Da lo mejor de sí misma, llega incluso a saltarse comidas, a trabajar horas extras, a ayudar a los colegas con exceso de trabajo, todo ello a expensas del tiempo que debería dedicarse a sí misma. Sus fines de semana ya no le permiten recuperarse tan bien como antes. Está experimentando más y más dolor de espalda o dolores de cabeza, insomnio y problemas digestivos. Pero como todos sus síntomas son episódicos, Marie piensa que es sólo temporal.

Si no tiene en cuenta estas señales de advertencia, Marie entrará pronto en la fase de resistencia.

La fase de resistencia

En esta fase, los mecanismos de adaptación son estirados al máximo, el cuerpo moviliza constantemente todas sus defensas contra los factores estresantes, consumiendo así una energía considerable y agotándose poco a poco. Suele caracterizarse por un gran cansancio y porque las defensas inmunitarias se debilitan peligrosamente.

Esta fase de resistencia puede ser más o menos larga dependiendo del individuo, pero por lo general dura varios meses. A veces, se notará una energía renovada y sentiremos que todo ha vuelto a la normalidad. Después, de nuevo aumenta la fatiga, y así sucesivamente, agotando de forma gradual a todo el cuerpo.

Volvamos al ejemplo de Marie, nuestra enfermera. Ella no ha tenido en cuenta ninguno de los síntomas que aparecían. Para aguantar todo el día, bebe más café y toma vitamina C todas las mañanas, pensando que todo pasará con las próximas vacaciones.

Su cuerpo se ha «puesto en resistencia» para movilizar toda la energía en reserva. Incluso si sus días son difíciles, Marie siente que se las arregla y se mantiene eficaz. Las semanas pasan con altibajos. Los días en que se siente bien y casi en plena po-

sesión de sus medios siguen a los días en que tiene dificultades para realizar sus tareas. Tiene la intuición de que una disfunción se está asentando, pero, obsesionada por las incesantes exigencias, Marie no se toma el tiempo para preguntarse qué es lo que está mal, y se dirige hacia la fase de agotamiento.

La fase de agotamiento

Esta última etapa se alcanza después de una exposición prolongada al estrés. La resistencia de nuestro cuerpo a éste disminuye y eventualmente cede, a medida que el sistema inmunológico se vuelve deficiente. Según Hans Selye, los pacientes que han sufrido de estrés durante mucho tiempo pueden morir de ataques cardíacos o infecciones graves debido a una mayor vulnerabilidad a la enfermedad.

Ésta es la última etapa del estrés. Todas nuestras reservas fueron consumidas y superamos nuestros propios límites de resistencia. Nos sentimos incapaces de luchar contra él.

Esta fase se caracteriza generalmente por la instalación de un vacío. Nos sentimos agotados, sin energía, incapaces de asumir nuestras responsabilidades, perdemos nuestra motivación, nuestros deseos, todo parece tan difícil que incluso podemos tener pensamientos suicidas. En cuanto a la salud, estamos acumulando problemas.

Al no haber reaccionado a tiempo, Marie ha entrado en la fase de agotamiento. Su insomnio es ahora recurrente, no duerme ni una sola noche completa, sus dolores de cabeza son diarios, ha perdido el apetito, sufre de dolores de estómago, su dolor de espalda es permanente, se siente más y más débil, y despertar por la mañana se vuelve realmente doloroso.

En cuanto a su humor, ella se muestra impaciente, ya no puede tolerar la más mínima petición, siente que está haciendo más que otros, que se le está pidiendo demasiado. En su lugar de trabajo, sólo los reflejos profesionales adquiridos durante mucho tiempo le permiten llevar a cabo sus tareas, pero comprueba varias veces lo que hace por miedo a cometer errores. Se imagina que es tonta e incompetente. Se olvida cada vez más de las cosas y piensa que está perdiendo la memoria, lo que se suma a su estado de estrés. Su médico le aconseja que se detenga por un tiempo, pero no hay manera; «los niños hospitalizados me necesitan, mis colegas ya están sobrecargados» son sus argumentos.

Y Marie continuará así hasta esta mañana, cuando su cuerpo se negará a obedecer. Imposible levantarse, imposible hacer el más mínimo gesto, imposible simplemente pensar, un terrible cansancio la habrá invadido. Llorará continuamente, y cuando su pareja le pregunte qué está pasando, responderá: «No lo sé». Pero en el fondo, ella sabe que ha ido demasiado lejos, más allá de sus propios límites. Es depresión, agotamiento.

En la fase de alarma, algunos síntomas aparecerán brevemente, luego desaparecerán y reaparecerán más o menos de forma marcada. Entonces, si la fase de alarma persiste, los síntomas, que son cada vez más intensos, se prolongarán durante períodos cada vez más largos hasta que estén casi permanentemente presentes si nos dejamos arrastrar a la fase de agotamiento.

Las tres fases de la evolución del estrés

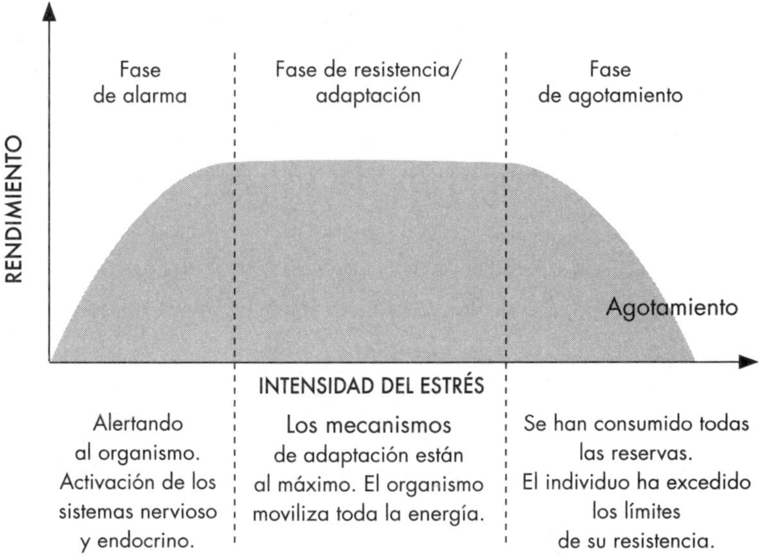

¿Cuáles son los principales síntomas del estrés?

Reacción de los principales sistemas del cuerpo ante una situación considerada estresante y los síntomas asociados a ella:

- Sistema nervioso: molestias, impaciencia, hipervigilancia, agresividad, ideas fijas, confusión, pérdida de memoria, pérdida de iniciativa.
- Sistema digestivo: náuseas, calambres estomacales, pérdida de apetito, diarrea, estreñimiento.
- Sistema respiratorio: falta de aliento, hiperventilación.
- Piel: sudoración, manos sudorosas, sofocos, problemas recurrentes de la piel.
- Sistema inmunitario: reducción de las defensas inmunitarias, aparición de infecciones virales y bacterianas.

- Sistema urinario: enfermedades de la vejiga, disfunción renal.
- Sistema circulatorio: hipertensión arterial, anomalías del ritmo cardíaco, mareos e incluso desmayos.

Factores de estrés

Entre las causas de estrés, podemos citar: mal equilibrio somático, factores ambientales, dificultades familiares, dificultades profesionales, factores psicológicos.

Mal equilibrio somático

Atrapados en una sociedad en la que todo va cada vez más rápido, ignoramos las reglas básicas de un estilo de vida saludable: nuestro tiempo de descanso se está volviendo insuficiente; nuestro sueño se acorta y, por lo tanto, no es reparador; el coche, las largas horas sentados delante de nuestras pantallas, etc. crean una dramática falta de ejercicio físico; los errores dietéticos se acumulan en nuestros platos; el tabaco y el alcohol nos producen la ilusión de relajarnos; las drogas o estimulantes de todo tipo nos ayudan a «aguantar», pero estamos acumulando desequilibrios que reducen nuestras capacidades físicas y nuestra capacidad de adaptación a los cambios o modificaciones de nuestro entorno. Revisar nuestro estilo de vida nos permitirá fortalecernos para resistir mejor el estrés.

Factores ambientales

Nuestro entorno es a veces una fuente de estrés recurrente sin que seamos realmente conscientes de ello, y tanto es así que nos hemos acostumbrado a eso y hemos establecido en nosotros la (falsa) creencia de que no podemos cambiarlo.

En nuestro entorno privado, puede ser una contaminación (química, acústica, por ejemplo) que viene del exterior o una visión particularmente discordante que ya no soportamos, nuestra propia casa, en obras, mal arreglada, mal decorada, demasiado pequeña…, que ya no nos ofrece la armonía que necesitamos para recargar nuestras pilas.

En nuestro entorno profesional, podemos estar sometidos a estrés por la propia naturaleza de los edificios o de nuestro puesto de trabajo. La contaminación acústica puede ser significativa, especialmente en esos espacios abiertos que se multiplican en las empresas.

Actuar sobre nuestro entorno nos permitirá actuar sobre nuestro estrés.

Dificultades familiares

Conflictos permanentes, desacuerdos, separaciones, familias mezcladas, períodos de desempleo y, por lo tanto, dificultades materiales, distancia por motivos profesionales, enfermedad grave de un miembro de la familia…, lo suficiente como para hacernos sentir estresados de forma a veces crónica.

Dificultades profesionales

El mundo del trabajo ha sufrido grandes cambios y la incoherencia de valores y prácticas parece haberse convertido… ¡en la única constante!

La creciente presión para reducir costes y aumentar la productividad, el exceso de trabajo debido a la reducción de personal, los cambios en los métodos de trabajo y de gestión, las reubicaciones, una jerarquía cada vez más distante hacia los empleados, una compartimentación que aísla a todo el mundo, la precariedad y el miedo a perder el puesto de trabajo son parámetros que pesan cada vez más sobre los empleados.

Factores psicológicos

Dependiendo de las dificultades que hemos tenido que superar desde la infancia y de la forma en que las hemos afrontado, los pensamientos y sentimientos han evolucionado en nuestro inconsciente y condicionan nuestras acciones de hoy. Nuestra capacidad de adaptación al estrés puede verse afectada por diferentes razones relacionadas con nuestra infancia, por ejemplo:

- La situación actual recuerda a un acontecimiento estresante de la infancia.
- La experiencia en aquella época no nos permitió desarrollar una sólida autoestima, por lo que en seguida y casi permanentemente nos sentimos amenazados, y por lo tanto a la defensiva, a menudo sin razón. Este estado puede incluso convertirse en paranoia.
- La baja autoestima ha generado una falta crucial de confianza en uno mismo.
- Una ansiedad poco saludable, incluso una fobia social, que se instala durante la infancia.

Ante el estrés, nuestra autoafirmación se vuelve inadecuada, perdemos más confianza en nosotros mismos, los trastornos emocionales y los problemas relacionales dificultan nuestros procesos de adaptación, y van surgiendo dificultades de comunicación.

Efectos del estrés

La influencia del estrés se encuentra en todos los niveles de la comunidad: impacta en el individuo, impacta en la empresa, impacta en la sociedad.

Impactos en el individuo

- Sobre la salud física y la moral: la mayoría de los trastornos más comunes, como la hipertensión arterial y las enfermedades cardíacas, son el resultado directo de largos períodos de estrés. El riesgo de empeorar los trastornos psicológicos o psiquiátricos también es mayor. Además se producen cambios en el comportamiento, como el consumo excesivo de café, de drogas o alcohol, que, añadido a los trastornos físicos, provocan dificultades relacionales.
- Sobre la toma de decisiones: los altos niveles de estrés pueden reducir rápidamente las habilidades analíticas de una persona y conducir a una toma de decisiones deficiente, lo que conduce a conflictos, accidentes, pérdida financiera o pérdida de empleo.
- En la familia: el estrés puede romper parejas o familias, porque es contagioso. De hecho, es extremadamente estresante estar cerca de alguien que alcanza un alto nivel de estrés a diario.
- Sobre las emociones: la persona estresada presenta más riesgos de comportamiento destructivo. Los cambios de humor, la agresividad, la ansiedad excesiva, la pérdida de confianza en sí mismos, todo ello contribuye al deterioro de las relaciones con los colegas, la familia, los amigos, que pueden tender a distanciarse para protegerse. El individuo puede sentirse cada vez más aislado y dirigirse gradualmente hacia la depresión.

Por lo tanto, el estrés mal controlado desempeña un papel primordial en el deterioro de la calidad de vida y es uno de los factores importantes en la aparición y duración de las enfermedades, ya sean somáticas o psicológicas.

Impactos en la empresa

Los accidentes, el absentismo y la baja rentabilidad interrumpen gradualmente el buen funcionamiento de la empresa. Las tensiones creadas entre los empleados reducen su eficiencia, participación y motivación, que son esenciales para el éxito de una empresa. El estrés reduce el potencial y, por lo tanto, dificulta este rendimiento, lo que conduce a una menor productividad y rentabilidad y a una menor satisfacción del cliente. Muchas empresas, conscientes de este peligro, han establecido programas internos para reducir estos daños de estrés y asegurar el bienestar de su personal.

Impactos en la sociedad

El estrés se ha convertido para la sociedad en una pesada carga que aumenta de continuo: el coste de las personas enfermas, jubiladas anticipadamente o discapacitadas debido al estrés representa una presión adicional sobre los servicios públicos.

El comportamiento agresivo, ansioso o depresivo afecta de forma significativa a las relaciones comunitarias. El malestar individual alimenta el malestar general y viceversa. Es como un círculo vicioso que se alimenta a sí mismo.

SEGUNDA PARTE

¿Me siento estresado?

Que se me dé la fuerza para soportar lo que no puede ser cambiado, y el valor para cambiar lo que puede ser cambiado, pero también la sabiduría para distinguir uno del otro.

MARCO AURELIO

No todos somos iguales ante el estrés. Los factores de estrés varían de un individuo a otro y de un momento a otro. Nuestros «estresantes» no son los mismos que los de nuestros antepasados y las generaciones futuras probablemente experimentarán otros, generados por su forma de vida.

En nuestra sociedad moderna, el estar estresado se ha convertido en algo tan común que te miran extrañados si dices que no lo estás. Y quizás es esta aceptación tácita la que nos lleva a menudo a reaccionar demasiado tarde. Se trata, por supuesto, de un estrés molesto y «patógeno». Cuando se trata de un estrés «benéfico» y estimulante, preferimos hablar de «subidón de adrenalina». La mayoría de las veces, usamos la palabra «estrés» en su sentido negativo y nos referimos a una condición que estamos experimentando y que nos causa dolor. De ahí la importancia de trabajar para determinar qué es lo que nos estresa, para entender el proceso y poder actuar de la manera más eficaz posible sobre sus causas.

Entre los diferentes tipos de factores estresantes (químicos, infecciosos, físicos, psicológicos), los factores psicológicos pueden ser los más desestabilizadores, porque son más insidiosos y mucho más difíciles de identificar. Son más frecuentes en nuestra sociedad cada vez más impredecible. Lo impredecible reemplaza a lo predecible y sentimos que estamos perdiendo el control sobre nuestras vidas. Esta pérdida de control facilita la liberación de hormonas del estrés, que pueden debilitar nuestras defensas inmunitarias y exponernos a enfermedades, lo que aumenta aún más el estrés ya presente.

Determinar cuáles son nuestros factores de estrés también nos permite reconocer los fenómenos físicos asociados a ellos que aparecen durante la fase de alarma, una fase en la que recibimos una serie de mensajes de nuestro cuerpo que nos dicen que es hora de actuar. ¿Qué tipos de mensajes? Por ejemplo, insomnio cuando generalmente dormíamos como un bebé, dolores de cabeza cuando no somos propensos a las migrañas, sofocos inusuales, episodios de llanto repentinos, digestiones pesadas. En fin, pequeños inconvenientes que hasta ahora desconocíamos.

Puesto que nuestra sensibilidad al estrés se construyó mentalmente desde la primera infancia según nuestro entorno, nuestro patrimonio genético y nuestra personalidad, sólo el reconocimiento y la aceptación de nuestros «factores estresantes» nos permite reducirlos o incluso eliminarlos con el paso del tiempo.

Cuando se encienden las alarmas

Antes de que empieces a aprender a controlar tu estrés, es importante que te des cuenta de cuándo estás estresado, lo cual no es especialmente fácil en nuestra agitada sociedad donde muchos de nosotros consideramos casi normal este estado de nerviosismo casi permanente. Para algunas personas, el estar estresadas, y formularlo, incluso parece gratificante, sería la prueba de una intensa actividad, una vida ocupada, una buena integración en el mundo, responsabilidades importantes que demuestran que perteneces al grupo. Peligro… Piensa en las tres fases de la evolución del estrés: la fase de alarma, la fase de resistencia y la fase de agotamiento.

Recuerda que cuando es negado, el estrés se instala insidiosamente, se vuelve crónico y conduce a un colapso físico, emocional y psicológico. Así que ten cuidado y aprende a reconocer tu lenguaje corporal. Es muy sencillo, todo lo que necesitas es un poco de observación de ti mismo, usando las siguientes sugerencias:

- Cuando experimento estrés, percibo los siguientes cambios en mi cuerpo (sudoración, náuseas, palpitaciones…). En una hoja de papel, anota todos tus sentimientos físicos.
- Cuando experimento estrés, percibo los siguientes cambios en mis emociones (sentimientos) y funciones mentales (ira, frustración…). En una hoja de papel, anota las emociones que estás experimentando.
- Cuando experimento estrés, percibo los siguientes cambios en mi comportamiento (caminar, gritar, llorar…). En una hoja de papel, anota lo que haces de manera diferente.

El lenguaje corporal

Temas pendientes, tareas retrasadas, conflictos sin resolver, preocupaciones, decisiones difíciles, limitaciones…, muchos temas nos quitan nuestra energía. Varios aspectos de nuestras vidas requieren nuestra atención, una acción, una decisión, pero a veces, si no a menudo, nos convencemos a nosotros mismos de no hacer lo que deberíamos hacer. Y, paradójicamente, esta actitud a menudo requiere mucha más energía de la que gastaríamos para resolver el problema.

Observa la relación entre lo que está sucediendo «externamente» y lo que sientes internamente.

Por ejemplo, llegas a casa después de una agotadora jornada de trabajo y al abrir la puerta, descubres la ropa y los zapatos de tus hijos tirados en el vestíbulo cuando les has pedido un montón de veces que se aseguren de que estén bien ordenados.

¿Cómo te sientes ahora mismo? ¿Es la ira, el desánimo, el sentimiento de no ser considerado, te sientes atacado? Trata de expresar en palabras lo que está sucediendo dentro de ti, pues eso te permitirá entenderlo mejor para poder más tarde explicar a tus hijos por qué te molesta tanto. Porque lo que a ti te molesta en esta situación puede no molestar tanto a otra persona.

El cuerpo tiene formas más o menos sutiles de obligarnos a tomar conciencia de lo que exige nuestra atención. En este sentido, puede considerarse como una herramienta de retroalimentación particularmente fiable, y es importante centrarse en los mensajes que nos envía.

Cuando estés experimentando una situación estresante, tómate unos segundos para analizar tus sentimientos: ¿dónde sientes el estrés en tu cuerpo? ¿En los hombros, espalda baja, mandíbula, cabeza? ¿Cómo se traduce: latidos cardíacos rápidos, falta de aliento, sudoración, una bola en el estómago o en la garganta, dolor, contracciones?

Presta atención a tu «lenguaje corporal» interior. Tu cuerpo no miente. Si estás estrechamente relacionado con las señales que te envía, aprenderás a tomarte un descanso cuando recibas ese «aviso», y también a aprender de él.

Algunas preguntas sobre el lenguaje corporal:

- ¿Qué intenta decirme mi cuerpo?
- ¿Qué estoy evitando?
- ¿La dirección en la que voy a ir es apropiada para mí?
- ¿Qué debo cambiar, dejar, contratar?
- ¿Qué es lo que necesito?
- ¿Qué es lo que ya no necesito?
- ¿Qué puedo hacer ahora para avanzar en la dirección correcta?
- ¿Qué debo aprender de la situación actual?

Pruebas de autoevaluación

Aquí hay dos pruebas que te ayudarán, en primer lugar, a tomar conciencia de tu vulnerabilidad al estrés.

Prueba de evaluación de vulnerabilidad al estrés

- ☐ Bebo más de cinco tazas de café, té o bebidas energéticas al día.
- ☐ Fumo más de cinco cigarrillos al día.
- ☐ Bebo más de cinco vasos de alcohol a la semana.
- ☐ No tengo horas para comer mis comidas y a veces me salto algunas.
- ☐ Sé que mi dieta no es lo suficientemente equilibrada.
- ☐ Duermo menos de seis horas al día.
- ☐ No me acuesto a horas normales.
- ☐ Soy sedentario. Tengo poca o ninguna actividad física.
- ☐ Tengo pocos amigos con los que compartir momentos agradables.
- ☐ No pertenezco a ningún club o asociación.
- ☐ No puedo expresar mis emociones o sentimientos.
- ☐ Estoy reprimiendo mi ira.
- ☐ No pido ayuda cuando me enfrento a dificultades.
- ☐ No me atrevo a confiar, por miedo a molestar a los que me rodean, y oculto mis preocupaciones.
- ☐ Me preocupa mi situación material porque considero que mis ingresos son insuficientes.
- ☐ Tengo miedo de perder mi trabajo.
- ☐ No sé cómo organizar mi tiempo ni en el trabajo ni en casa.
- ☐ No me tomo tiempo para relajarme.
- ☐ No sé cómo complacerme.
- ☐ Tengo problemas de salud y me preocupa, pero no hablo de ello.

Resultados

Tienes menos de cinco casillas marcadas: tu vulnerabilidad al estrés parece baja; te costaría poco esfuerzo mejorar aún más tu puntuación.

Has marcado entre cinco y diez casillas: CUIDADO, estás debilitado y un suceso inesperado y estresante podría agotarte.

Has marcado entre diez y quince casillas: CUIDADO, eres vulnerable, es hora de tomar medidas para cambiar tu estilo de vida.

Has marcado entre quince y veinte casillas: ALERTA, reacciona antes de que sea demasiado tarde, no dudes en pedir ayuda a un profesional para cambiar tus hábitos.

Esta prueba se centra más en tu «forma de hacer las cosas» en tu vida diaria que en lo que sucede en el exterior.

Escala de Holmes y Rahe

Los psiquiatras Thomas Holmes y Richard Rahe han establecido una relación entre los acontecimientos de la vida y el nivel de estrés de un individuo, así como las consecuencias para la salud de estos niveles de estrés. Cuantificaron sus observaciones en una escala llamada con sus nombres, Holmes y Rahe.

Mientras que el examen anterior se centraba en cómo eres y/o cómo haces las cosas, esta otra herramienta te permite evaluar tu nivel de vulnerabilidad en función de los acontecimientos importantes de tu vida durante los últimos veinticuatro meses.

Estrés debido a la ADAPTACIÓN AL CAMBIO

En los últimos dos años, me han afectado:

	NÚMERO DE OCASIONES	NÚMERO DE PUNTOS
Fallecimiento del cónyuge 100 x		
Separación de los cónyuges 65 x		
Divorcio 63 x		
Período de encarcelamiento 63 x		
Desempleo 63 x		
Muerte de un familiar cercano 63 x		
Lesión o enfermedad personal 53 x		
Boda 50 x		
Despido 47 x		
Reconciliación entre cónyuges 45 x		
Jubilación 45 x		
Cambio en la salud de un miembro de la familia 44 x		
Embarazo 40 x		
Dificultades sexuales 39 x		
Llegada de alguien a la familia 39 x		
Cualquier cambio en el ambiente de trabajo 39 x		
Cambio financiero 38 x		
Muerte de un amigo 37 x		
Cambio de función profesional 36 x		
Cambio de situación familiar 35 x		
Hipoteca sobre su casa 31 x		
Hipoteca o embargo de préstamo 30 x		
Cambio de responsabilidad en el trabajo 29 x		

	NÚMERO DE OCASIONES	NÚMERO DE PUNTOS
Un hijo, una hija se va de casa 29 x		
Dificultades con los suegros 29 x		
Éxito excepcional 28 x		
Inicio o finalización de la actividad profesional 26 x		
Cambio en las condiciones de vida 25 x		
Cambio de hábitos 24 x		
Dificultades con el jefe 23 x		
Cambio en las horas o condiciones de trabajo 20 x		
Cambio de residencia 20 x		
Cambio de lugar de estudio 20 x		
Cambio en las actividades de ocio 19 x		
Cambio en las actividades sociales 18 x		
Cambio en los patrones de sueño 16 x		
Cambio en el número de reuniones familiares 15 x		
Cambio en los hábitos alimentarios 15 x		
Días festivos 13 x		
Navidad 12 x		
Multas 11 x		

Cada acontecimiento de estrés está asociado con un número de puntos, que has de multiplicar por el número de ocasiones en que han ocurrido en tu vida en los últimos dos años. Introduce los puntos correspondientes a cada línea que le corresponda y calcula el total.

Criterios de evaluación

0 a 150 puntos: sin riesgo de enfermedad
o accidente.

151 a 199 puntos: con un riesgo de enfermedad
o accidente del 30 al 35 %.

200 a 299 puntos: con un riesgo de enfermedad
o accidente del 50 al 55 %.

300 puntos y más: riesgo del 80 % de enfermedad
o accidente.

Estas dos pruebas te permiten evaluar tu nivel de vulnerabilidad al estrés, pero no tu nivel de estrés. Tu estilo de vida o eventos externos pueden debilitarte y convertirte en un «candidato» para el estrés, pero puedes resistir más o menos tiempo antes de experimentar sus efectos dañinos.

Ahora te ofrezco una prueba[1] que te ayudará a determinar tu nivel de estrés actual.

Evalúa tu nivel de estrés

EN EL TRABAJO

1. Tu experiencia

¿Estás generalmente satisfecho con tu trabajo?

☐ sí   ☐ no

---

1. Prueba tomada del folleto «Heart and Health» publicado por la Federación Francesa de Cardiología (folleto que puedes descargar gratuitamente en www.fedecardio.org, sección «Our documentation»).

¿Tienes buenas relaciones con otras personas en tu empresa?

    ☐ sí   ☐ no

¿Tienes alguna retroalimentación, positiva o negativa, sobre el resultado de tu trabajo?

    ☐ sí   ☐ no

¿Te sientes envuelto por tu trabajo?

    ☐ sí   ☐ no

2. La empresa

¿Tu empresa va bien?

    ☐ sí   ☐ no

¿Hay un buen ambiente?

    ☐ sí   ☐ no

¿Hay poco absentismo?

    ☐ sí   ☐ no

¿Se marchan de la empresa pocos trabajadores?

    ☐ sí   ☐ no

3. La organización del trabajo

¿Son tus horas de trabajo adecuadas para ti?

    ☐ sí   ☐ no

¿Sientes que tienes tiempo suficiente para hacer bien tu trabajo?

    ☐ sí   ☐ no

¿Te facilitan los medios para adaptarte?

    ☐ sí   ☐ no

¿Tienes libertad para organizarte?

    ☐ sí   ☐ no

4. Signos

Fatiga

    ☐ sí   ☐ no

Trastornos del sueño.

☐ sí   ☐ no

Aumento del consumo de tabaco y alcohol.

☐ sí   ☐ no

Somatización: tus preocupaciones te causan dolor físico.

☐ sí   ☐ no

Resultados

Si tienes una mayoría de «no» en las primeras tres secciones y de «sí» en la cuarta, tu nivel de estrés es alto. No dudes en hablar de ello con tu médico.

EN CASA

Después de cada síntoma, indica 0 si nunca lo has sentido, 1 si lo sientes un poco o rara vez, 2 si lo sientes a menudo, 3 si lo sientes continuamente.

Envejezco rápido	0	1	2	3
Me entra el pánico	0	1	2	3
Mis nervios están a flor de piel	0	1	2	3
Estoy deprimido	0	1	2	3
Me aíslo	0	1	2	3
He perdido el deseo de aprender	0	1	2	3
Huyo de todo lo que puedo huir	0	1	2	3
Tengo una sensación de vacío	0	1	2	3
No quiero hacer nada	0	1	2	3
Hago cada vez más esfuerzos y cada vez obtengo menos resultados	0	1	2	3

Ya no me reconozco	0	1	2	3
Siento que algo dentro de mí está roto	0	1	2	3
Estoy desesperado	0	1	2	3
Estoy a punto de explotar	0	1	2	3
Tengo pensamientos suicidas	0	1	2	3

Resultados

Tu nivel de estrés es alto si has calificado con 2 o 3 para cualquiera de los síntomas. No dudes en contárselo a tu médico.

También puedes encontrar otras pruebas por Internet que proporcionan resultados inmediatos. Sin embargo, ten en cuenta que estas pruebas sólo son válidas durante un período de tiempo específico y deben realizarse con regularidad. Su función principal es llamar tu atención sobre los desequilibrios de tu vida diaria para que puedas hacer los cambios necesarios.

Reconozco mis factores de estrés

Es importante que entiendas tu respuesta física, emocional y relacional al estrés con el fin de anticipar e implementar estrategias para manejarlo. Para hacer esto, es necesario reconocer las situaciones que te causan estrés recurrente. Lo que te estresa pero no estresa automáticamente a tu cónyuge, hijos, amigos, etc. Una evaluación muy personal te ayudará a entender por qué una situación o evento en particular te desestabiliza completamente.

Cuando se produce un acontecimiento grave (enfermedad, accidente, etc.), el estrés que se instala es fácilmente identificable, sabemos a qué se debe y por lo general somos capaces de manejarlo, precisamente porque somos conscientes de ello. Pero reconocemos con mucha menos facilidad todas las pequeñas tensiones de la vida diaria (compras, limpieza, cocina, planchado, teléfono, conflictos familiares menores, tareas de los niños, etc.). Por lo tanto, es esencial tomarse el tiempo necesario para identificarlos.

Las órdenes inconscientes que obedecemos

¡Sé perfecto! – ¡Sé fuerte! – ¡Haz un esfuerzo! – ¡Hazme el favor! – ¡Espabila!

Estos son los cinco principales «factores estresantes» de nuestras vidas, las órdenes inconscientes que obedecemos generalmente desde la infancia: detectarlos y comprender su mecanismo puede arrojar nueva luz sobre las razones de nuestro estrés.

• **¡Sé perfecto!** = ¡Está prohibido cometer errores!

La persona bajo la influencia del programa «¡Sé perfecto!» busca la perfección y, como resultado, nunca está satisfecha consigo misma. La energía que se gasta en esta investigación es tal que a veces es improductiva y el más mínimo error se experimenta como un amargo fracaso que genera un estrés insoportable.

¿Qué hacer? Sé tú mismo, permítete cometer errores y da valor a tus éxitos.

• **¡Sé fuerte!** = ¡Está prohibido ser débil!

La persona bajo la influencia de la campaña «¡Sé fuerte!» no escucha sus necesidades o emociones y piensa que es importante mantener el rumbo en la vida y superarse a sí mismo. Cuidado con el exceso de trabajo…

¿Qué hacer? Reconectarse con las emociones y las necesidades. Aceptar las dudas y la vulnerabilidad.

- **¡Haz un esfuerzo!** = ¡Está prohibido descansar!

La persona bajo la influencia del programa «¡Haz un esfuerzo!» cree que hay que tomarse muchas molestias para tener éxito. No se trata de hacer la vista gorda en el trabajo, y la facilidad no es la norma. No soporta a la gente que hace las cosas sin esfuerzo.

¿Qué hacer? Aceptar que las cosas se pueden hacer simple y fácilmente. Darse el derecho de ser más «cool».

- **¡Hazme el favor!** = ¡Está prohibido escuchar tus propios deseos!

Por miedo a ser rechazada, la persona bajo la influencia de la campaña «¡Hazme el favor!» antepondrá los deseos y necesidades de los demás, más importantes para esa persona a los suyos propios, y será incapaz de decir que no. Siempre tiene miedo de no estar lo suficientemente atenta a los que la rodean.

¿Qué hacer? La generosidad tiene sus límites, pero también es normal pensar en sus necesidades y satisfacerlas.

- **¡Espabila!** = ¡Está prohibido perder el tiempo!

La persona bajo la influencia del programa «¡Espabila!» es impaciente, odia perder el tiempo o llegar tarde. Siempre está corriendo, haciendo las cosas a menudo con prisas a riesgo de cometer errores.

¿Qué hacer? Considera que tomas una cierta cantidad de tiempo para cada cosa, determina el tiempo necesario, organiza las tareas, reserva un período para lo inesperado.

¿Quizás ya te hayas reconocido en algunas definiciones? En los próximos días, trata de identificar a qué órdenes estás sujeto.

Cada uno de estos mandatos inconscientes te conduce a negar tus necesidades, y cada situación estresante corresponde a una falta. Trata de identificar tus necesidades no satisfechas y encuentra la(s) estrategia(s) que puedes poner en práctica. Te invito a utilizar una tabla basada en la que propongo a continuación:

Yo determino cuáles son mis factores estresantes, por ejemplo:

Situación externa estresante recurrente	Varias veces por semana, mi vecina viene después del almuerzo a tomar un café y aprovecha la oportunidad para hablarme de sus preocupaciones durante más de una hora.
Mi necesidad insatisfecha en esta situación	No puedo relajarme tranquilamente y tomarme un tiempo para mí mismo.
Mi «factor estresante» interno, inconsciente	¡Hazme el favor! Me siento obligado a escucharla.
Remedio para silenciar mi «factor estresante» interior	Preguntarme objetivamente qué es lo que quiero —o necesito— hacer en ese momento (dormir la siesta, leer, salir a caminar…).
La(s) estrategia(s) que debe(n) aplicarse	La más radical: cerrar la puerta (pero la relación puede deteriorarse). Prepararme e irme en cuanto llegue, fingiendo tener una cita. La más sencilla, pero también la más difícil de implementar, explicarle que quiero descansar en paz después de la comida y acordar con ella un día a la semana para que venga a tomar un café.

Situación externa estresante recurrente	
Mi necesidad insatisfecha en esta situación	
Mi «factor estresante» interno, inconsciente	
Remedio para silenciar mi «factor estresante» interior	
La(s) estrategia(s) que debe(n) aplicarse	

Por lo tanto, una buena gestión del estrés requiere el reconocimiento y la satisfacción de nuestras necesidades. Pero ¿qué son? ¿Todos tenemos las mismas? El psicólogo Abraham Maslow estableció una representación piramidal de la jerarquía de necesidades que están detrás de nuestras motivaciones. Identificó cinco grupos de necesidades básicas:

- **las necesidades fisiológicas** (dormir, descansar, comer y beber, evacuar, moverse, tener relaciones sexuales, respirar, relajarse…);
- **la necesidad de seguridad** (entorno estable y previsible, sin ansiedad ni crisis);
- **la necesidad de pertenecer y amar** (ser reconocido, pertenecer a un grupo, amar y ser amado, sentir y expresar emociones, ser apoyado…);
- **la necesidad de estima** (confianza y autoestima, reconocimiento por parte de los demás);
- **la necesidad de realizarse** (aprender, ser creativo, ser estimulado, transmitir, estar conectado con el Universo, dar sentido y coherencia a la propia vida…).

Todas estas necesidades están continuamente presentes, pero algunas son más agudas que otras en ciertos momentos. Sin embargo, todo el mundo necesita un mínimo de satisfacción para poder hacer frente al estrés.

Si no se satisfacen algunas necesidades, tu cuerpo puede enviarte señales de advertencia.

Depende de ti definir tus necesidades hoy mismo. Para hacerlo, toma una hoja de papel para cada categoría y, usando la pirámide anterior, enumera tus necesidades, las que se están satisfaciendo y las que no se satisfacen o se satisfacen sólo parcialmente. Y para las que no lo son, o no lo suficiente, pregúntate cómo podrás expresarlas y satisfacerlas.

¿Víctima o responsable de mi estrés?

Hemos visto, en la primera parte de este libro, que el estrés es un fenómeno normal de adaptación a cualquier cambio en nuestro entorno, y que los factores de estrés pueden ser externos (situación a la que nos enfrentamos, personas, entorno, etc.) o internos (diálogo interno, preocupación injustificada, anticipación excesiva, etc.). Por lo tanto, está claro que nuestra actitud marcará la diferencia y que nuestra capacidad de retroceder nos ayudará a recuperar el control de la situación.

Las víctimas podemos tener la sensación de que lo somos momentáneamente, mientras que todas las manifestaciones físicas, emocionales y de comportamiento se materializan, pero podemos elegir no seguir siéndolo, adoptando estrategias para recuperar nuestro equilibrio homeostático, nuestro equilibrio fisiológico interno.

Para ello, comencemos por ver nuestra «manera de hacer las cosas» y nuestra «manera de ser», dos conceptos importantes en la gestión del estrés, y en primer lugar, cómo hacemos las cosas, algo que es más fácil de cambiar rápidamente.

Podemos sustituir actitudes que son fuente de conflicto por actitudes más conciliadoras, lo que implica que somos capaces de reconocer situaciones problemáticas y analizar las reacciones.

Tratemos también de reflexionar sobre cómo vemos el mundo, de aceptar que nuestra realidad no es LA realidad y que los diferentes puntos de vista pueden ser reconciliados.

Por ejemplo, tu colega de oficina tiene la costumbre de abrir la ventana cuando llega, incluso en pleno invierno, y la temperatura a veces es excesivamente baja en la habitación. Cuando tienes frío, en cuanto llegas y sin siquiera saludar, cierras la ventana ruidosamente para indicar tu desacuerdo. De este modo se instala una atmósfera tensa en la primera hora y puede llegar a ser conflictiva a lo largo del día, a menudo por razones superficiales.

¿Qué hacer? En primer lugar, sé consciente de tu actitud y de lo que puede tener que ver con despreciar a tu colega. Entonces ponlo en perspectiva: probablemente no hace tanto frío que no puedas soportarlo por unos minutos (siempre puedes ponerte una prenda de ropa caliente durante la primera hora). Y finalmente, pregúntale por qué abre sistemáticamente la ventana (tal vez es un poco claustrofóbico o percibe olores que tú no percibes). Sin duda tendrá sus razones, tómate el tiempo para escucharlas y entender su punto de vista en lugar de pensar que lo está haciendo para molestarte. Luego explícale que eres friolero y poneos de acuerdo en los períodos de tiempo para abrir esa ventana sin que ninguno de los dos se moleste. El diálogo resuelve todas las diferencias.

Al revisar los resultados de las diversas pruebas propuestas en las páginas anteriores, tendrás buenas pistas de acción. Los cambios voluntarios en tu forma de hacer las cosas conducirán gradualmente a cambios en tu forma de ser, y en la de los demás, en beneficio del equilibrio que deseas encontrar o recuperar.

Antes de pasar a la tercera parte de este libro, que te guiará de una manera muy concreta hacia la acción, te animo a hacer este pequeño trabajo de introspección, siempre por escrito, porque la escritura hace que el proceso sea más real, cuantificable y verificable a lo largo del tiempo. Podrás hacer balance regularmente y ver los desarrollos positivos que fortalecerán tu autoconfianza y autoestima (que corresponde a una de las necesidades básicas mencionadas anteriormente).

Aprender a controlar el estrés

Nada ha cambiado excepto mi actitud.
Por eso todo ha cambiado.

Cita atribuida al padre ANTONIO DE MELLO

A menudo se utilizan medicamentos para tratar las consecuencias inmediatas del estrés, ya sea ansiedad, insomnio o manifestaciones somáticas. Pero su uso debe reservarse para las emergencias y no debe extenderse más allá de unos pocos días. En lugar de lidiar con las consecuencias, hay que tratar de actuar en sentido ascendente identificando primero las posibles causas y acciones o formas de evitar o reducir el estrés. La mejor manera de manejarlo es evitar que se instale.

En esta sección, verás cómo implementar las acciones esenciales para este enfoque:

- adoptar un estilo de vida saludable;
- adoptar buenas técnicas de respiración;
- actuar sobre tu entorno;
- desarrollar una actitud positiva;
- administrar tu tiempo.

Al implementar estas medidas, reducirás tu vulnerabilidad al estrés y estarás mejor preparado para enfrentarlo.

Cinco reglas para recuperar un estilo de vida saludable y restablecer el equilibrio fisiológico

Se trata de aprender a reducir el estado de tensión que las situaciones de estrés generan en ti, gracias a diversas técnicas de concentración y relajación muscular, así como al trabajo de respiración. Para restablecer el equilibrio fisiológico, es importante garantizar un estilo de vida saludable y empezar por seguir estas cinco reglas de oro: descansar bien durante la noche, comer una dieta sana, equilibrada y variada, realizar una actividad física regular, disfrutar de momentos de relajación de calidad y practicar la relajación.

Sueño reparador

Dormir bien mantiene el buen humor, reduce el estrés, previene la aparición de enfermedades graves y reduce factores de riesgo como la obesidad o la hipertensión. Dormir bien es permanecer en los brazos de Morfeo durante siete u ocho horas (para un adulto), es decir, durante cuatro o cinco ciclos de alrededor de noventa a ciento veinte minutos cada uno, incluyendo el sueño lento y el sueño REM (durante el cual sueñas o tienes pesadillas). He aquí las principales reglas que hay que seguir para dormir mejor:

- Acuéstate y levántate a horas regulares, incluso los fines de semana, para regularizar la vigilia y el ritmo del sueño.
- Acuéstate en cuanto sientas los primeros signos de sueño: no pierdas el «tren del sueño».
- Haz ejercicio durante el día para facilitar el sueño (evita demasiada actividad física por la noche, son preferibles el yoga o la meditación).

- Evita las bebidas excitantes por la noche (por ejemplo alcohol, café, té, bebidas energéticas comerciales) y las comidas pesadas.
- Evita ver la televisión antes de acostarse y especialmente no en la cama.
- Dormir en una habitación tranquila (suprimir el ruido parasitario), sin fuentes de luz (pantalla, cargadores intermitentes…) y templada (por debajo de los diecinueve grados centígrados), durante un período de siete a ocho horas.
- Elige una decoración con colores relajantes.
- Prueba la aromaterapia.
- Lee algunas páginas de un libro (pero no en una *tablet* u ordenador).
- Practica el ejercicio de respiración 4-7-8: Respira por la nariz durante cuatro segundos, mantén el aire durante siete segundos y exhala por la boca durante ocho segundos. Haz este ejercicio por lo menos tres veces.
- Visualiza un lugar tranquilo y relajante dejando que tu respiración disminuya gradualmente.

Si a pesar de los buenos hábitos continúas experimentando insomnio o apnea del sueño recurrentes, consulta a tu médico o a un especialista del sueño.

Alimentación sana, equilibrada y variada

En caso de estrés o nerviosismo, tómate el tiempo para preparar comidas reconfortantes y energizantes. Deja que tu intuición te guíe, complácete a ti mismo, sin dejar de ser razonable.

Para relajarte: elige alimentos ricos en magnesio (cereales, frutos secos, castañas, soja y chocolate negro). Ayudan a relajar los músculos y son un excelente apoyo para las células nerviosas.

Para complacerte: apuesta por el chocolate (siempre negro…). Es bueno y, además, sienta bien. El chocolate, que es rico en magnesio, desencadena la producción de serotonina, la hormona del bienestar, que tiene propiedades calmantes.

Para sentirte mejor: consume huevos, ensalada, productos lácteos, piña. Estos alimentos también nos ayudan a producir serotonina.

Contra el cansancio: la vitamina C, conocida por su acción antioxidante, es un arma eficaz contra la fatiga. Por lo tanto, consume regularmente alimentos que lo contengan (cítricos, perejil, kiwi…).

Tu menú diario antiestrés: sobre todo, come sin estrés, deja de correr, tómate un descanso real durante al menos media hora, y come lentamente. Aprovecha al máximo el tiempo al mediodía para relajarte, haz una cita contigo mismo y relájate. Deshazte del bocadillo o el plato preparado que comes sin darte cuenta de lo que estás comiendo mientras continúas con tu actividad.

Actividad física regular

La Organización Mundial de la Salud define la actividad física como cualquier movimiento físico producido por los músculos que requiere un gasto de energía; esto incluye los movimientos realizados mientras se trabaja, se juega, se realizan tareas domésticas, se camina y se practican actividades de ocio.

Nuestra vida moderna se ve facilitada por un confort cada vez mayor (transporte motorizado, ascensores…) que nos hace más sedentarios.

Además, los períodos largos frente a nuestras pantallas reducen considerablemente nuestra actividad física y, por la misma razón, el gasto energético necesario para nuestro equilibrio fisiológico.

¿Cómo volver a poner nuestro cuerpo en movimiento gradualmente?

No hay necesidad de hacerse socio de un costoso club deportivo o de pasar horas interminables encerrados en casa para eso. Comienza por aumentar tus oportunidades de movimiento. Si vives en la ciudad y en un apartamento, utiliza las escaleras en lugar del ascensor; ve a buscar el pan, haz las compras en el supermercado, lleva a tus hijos a la escuela caminando. Si tienes un jardín público cerca de ti, acostúmbrate a ir allí y a caminar respirando bien.

Si vives en el campo, da un paseo en bicicleta de treinta minutos al día o al menos varias veces a la semana. Sólo con eso es posible mantener el equilibrio deseado gracias a los beneficios que proporciona.

El paseo:
- **mejora** el estado físico general;
- **aumenta** la atención y, como resultado, la toma de decisiones;
- **disminuye** la presión arterial;
- **alivia** la depresión y la fatiga;
- **limita** el riesgo de enfermedades cardiovasculares;
- **reduce** el dolor lumbar;
- **ayuda** a mantener el peso.

Para más información y consejos sobre cómo reequilibrar tu dieta en función de tu perfil, tus gustos, tu presupuesto y tu planificación de la actividad física regular, puedes consultar las guías y herramientas disponibles en Francia en el sitio web del Programa Nacional de Nutrición y Salud (PNNS) y, en Canadá, en el sitio web del Desafío de la Salud.[2]

También puedes visitar el sitio web de la OMS (Organización Mundial de la Salud) para obtener sus recomendaciones sobre la actividad física.[3]

Momentos de calidad y relax

Tiempo para ti mismo: dedica tiempo a tus actividades favoritas (leer, caminar, hacer deporte, etc.). Incluye estas franjas horarias en tu agenda. Ten una cita contigo mismo, al igual que con tu médico o tu banquero.

Tiempo en familia: permítete un tiempo para pasar con tu familia (comidas, salidas, vacaciones, fines de semana, discusiones sobre los intereses de todos, etc.).

Tiempo con tus amigos: no dejes a tus amigos atrás debido a la gran carga de trabajo. Aprovecha todas las oportunidades para verlos, reúnete con tus amigos y asegúrate de que tienes períodos de descompresión.

Relajación

Iníciate en la relajación del yoga: seguro que hay clases de yoga cerca de tu casa a las que puedes ir. Si no te gustan las clases en grupo, puedes comprar libros y DVDs que te permiten hacer yoga en casa. Pero ten cuidado, no hay nada mejor que un curso fuera que te obligue a salir de casa.

Practica la meditación: hay excelentes libros con CDs para introducirte en la meditación. También puedes unirte a un grupo, lo que además te animará a salir de casa. Si te sientes cómodo con Internet, encontrarás vídeos fantásticos en YouTube o puedes

---

2. www.mangerbouger.fr/PNNS (Francia) y www.defisante.ca (Canadá).
3. www.oms.int/mediacentre/factsheets/fs385/en

descargar aplicaciones móviles para tu móvil o *tablet*. De esta manera, podrás practicar en cualquier lugar y en cualquier momento.

Practicar la sofrología: para iniciarse en esta disciplina, es mejor recurrir a un sofrólogo que te acompañará durante un tiempo, te aconsejará sobre cómo practicarla mejor, integrar sus principios y descubrir sus diferentes técnicas. Después, una vez que tengas una buena comprensión del proceso, puedes continuar en casa, ya sea con las grabaciones proporcionadas por el profesional o con los CDs o MP3s que hayas comprado. Pero has de saber que sólo la práctica regular te permitirá sentir los efectos duraderos. Para más información sobre lo que es esta disciplina, lee la página 134 de este libro.

Acabas de ver cómo restablecer tu equilibrio fisiológico integrando buenos hábitos y reflejos en tu vida. Estos consejos tienen sentido y pueden parecer muy básicos, pero deben ser implementados de manera efectiva, ¡lo cual no siempre ocurre!

¿Ya observas estas reglas básicas de vida saludable y a pesar de ello a veces te sientes completamente abrumado e indefenso en situaciones que no puedes controlar? Entonces, ¿qué hacer cuando te encuentras ante una emergencia, afrontando un gran estrés que te abruma y sobre el cual sientes que no tienes control? Esto es lo que veremos en el siguiente apartado.

¿Sin aliento? ¡Res-pi-ra!

La respiración y el estado emocional están íntimamente ligados y se influyen mutuamente. Por lo tanto, en cuanto sentimos que nuestra respiración se está acortando, es importante detenernos y hacernos las siguientes preguntas: ¿Qué es lo que estoy pasando ahora mismo que me hace sentir incómodo? ¿Por qué estoy tan estresado? Esta conciencia es esencial porque nos ayudará a decidir qué estrategias aplicar, incluyendo ejercicios de respiración, para restaurar nuestro equilibrio.

Estresados, a menudo tenemos la desagradable sensación de que nos quedamos sin aire, de que casi nos liberamos (y a veces lo estamos), y nuestra respiración es rápida, corta e ineficaz. Este acto vital y natural es tan automático que rara vez pensamos en controlar nuestra respiración o simplemente tomar conciencia de ella. Sin embargo, la respiración instintiva y espontánea puede llegar a ser voluntaria y controlada, permitiéndonos relajarnos, calmar los latidos de nuestro corazón y nuestra mente, y llenarnos de energía.

Respirar es un reflejo, pero este hermoso mecanismo puede interponerse en el camino y nuestro ritmo respiratorio puede cambiar debido al estrés o a emociones fuertes como el miedo o la ira. Nuestro diafragma se bloquea mientras nuestro ritmo cardíaco se acelera. Sólo utilizamos parte de nuestra capacidad respiratoria, lo que resulta en una respiración irregular, a menudo más rápida y superficial, que ya no oxigena perfectamente nuestro cuerpo, nuestros órganos, nuestras células. Y la emoción experimentada continuará hasta que seamos capaces de recuperar nuestra paz interior, es decir, de recuperar una frecuencia cardíaca regular y una amplitud respiratoria satisfactoria.

Antes de probar algunas técnicas que te permitirán recuperar el aliento, te sugiero que tomes conciencia de cómo respiras.

En mi práctica, en clases grupales o en sesiones individuales, cuando pregunto: «¿Cómo respiras? ¿Sientes como si estuvieras respirando a través de tu estómago o respirando más alto?». La respuesta que normalmente recibo es: «No lo sé, nunca le presté atención».

Así que es hora de ser sensible a ello:

En posición sentada o tumbada, coloca una mano sobre el estómago y la otra sobre el corazón. Cierra los ojos (para alejarte de todas las distracciones externas e interiorizarte) y simplemente observa cómo respiras, sin cambiar nada. ¿Qué mano se levanta al inhalar? ¿La que está en el estómago? ¿La del corazón? ¿Ambas? ¿Es tu respiración más abdominal (principalmente a la altura del estómago) o más costal (más en el pecho)? ¿Sientes que tienes una buena amplitud respiratoria o, por el contrario, que dejas entrar relativamente poco aire en tu cuerpo?

Estos pocos minutos te permiten hacer un autodiagnóstico de tu respiración. Cuando somos niños, respiramos naturalmente a través del estómago: mira a un niño dormido y verás que su vientre se hincha y se desinfla en un movimiento amplio y regular. Por desgracia, muy rápidamente, la educación y los largos días sentados en la escuela nos hacen adquirir nuevos (y malos) hábitos. Entonces, frente a las dificultades de la vida y los choques emocionales, se instalan nuestros cambios respiratorios y bloqueos.

Nos acostumbramos a respirar sólo con la caja torácica, lo que es perjudicial, porque no nos permite inflar completamente los pulmones y utilizar todas sus capacidades. Esta forma de respirar es también un factor que agrava los síntomas de estrés: la frecuencia cardíaca aumenta, al igual que la respiración, lo cual puede causar palpitaciones y muchos otros problemas de salud más graves a largo plazo.

¡Así aprenderemos a ser de nuevo ese niño que respira sin restricciones, que respira vida!

Comencemos por definir las diferentes técnicas de respiración: torácica, clavicular, abdominal y completa.

Respiración torácica

Ésta es la técnica que utilizamos con más frecuencia y que, como mencionamos anteriormente, agrava los síntomas de estrés.

El aire entra por la boca o la nariz y llena los pulmones. Sentimos que nuestros senos se hinchan y notamos como si nuestros pulmones estuvieran completamente llenos, pero no es así. Además, al estómago le llega poco aire y la oxigenación del cuerpo no es completa. Te sugiero que, para comprenderlo mejor, practiques.

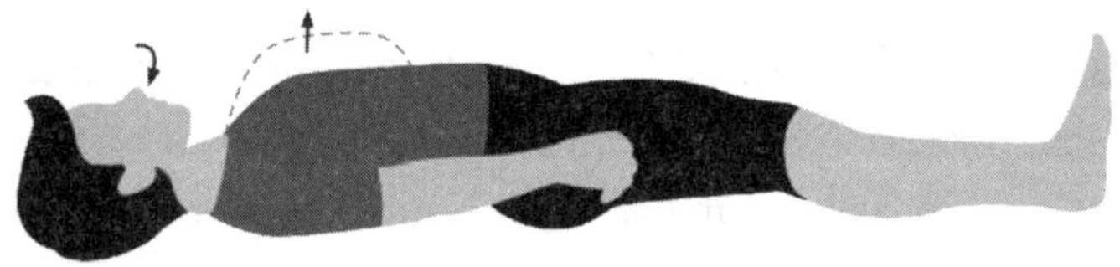

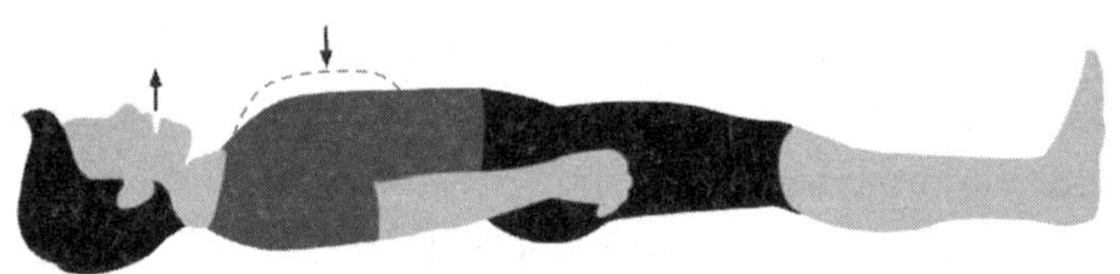

Ejercicio de respiración torácica

1. Acuéstate cómodamente, cierra los ojos y deja que tu respiración habitual corra libremente…
2. Coloca una mano sobre tu estómago y la otra sobre tu pecho.

3. Exhala todo el aire, luego inhala e hincha sólo los pulmones. El abdomen debe estar ligeramente más profundo para permitir que la caja torácica se expanda.
4. La mano sobre el pecho se eleva mientras que la otra no se mueve. Luego exhala y deja que tu pecho vuelva a su posición original.

Repite el ejercicio hasta que tengas el control total y seas consciente de lo que está sucediendo en tu cuerpo.

Respiración clavicular

Este tipo de respiración afecta a la parte superior del pecho. Cuando inhalas, el aire levanta ambos huesos claviculares, pero los hombros no se mueven. Esta técnica requiere mucho esfuerzo por poco aire inspirado, por lo que es la menos efectiva para regenerar el cuerpo. Ésta es a menudo la forma en que respiran las personas ansiosas o deprimidas.

Ejercicio de respiración clavicular

1. Acuéstate cómodamente, cierra los ojos y deja que tu respiración habitual corra libremente…
2. Coloca una mano a la altura del corazón y la otra entre las clavículas.
3. Después de vaciar los pulmones, inhala e intenta inflar sólo la parte superior de los pulmones. La mano en el corazón apenas debe moverse. Se siente como si el pecho se elevara hacia la cara.
4. Luego exhala y deja que tu pecho vuelva a su posición original.

Este ejercicio puede ser difícil de identificar; repítelo varias veces.

Respiración abdominal

La respiración abdominal es ideal para calmarse, tranquilizarse durante una situación estresante o reenfocarse. Esta respiración profunda, que viene del vientre, permite:

- una mejor oxigenación de todo nuestro cuerpo;
- un masaje profundo y relajante, gracias al diafragma, el estómago y los órganos circundantes (estómago, hígado, páncreas), así como al plexo solar.

Por lo tanto, facilita y reequilibra todas las funciones del sistema digestivo y ayuda a reducir los problemas estomacales o intestinales resultantes de bloqueos respiratorios previos.

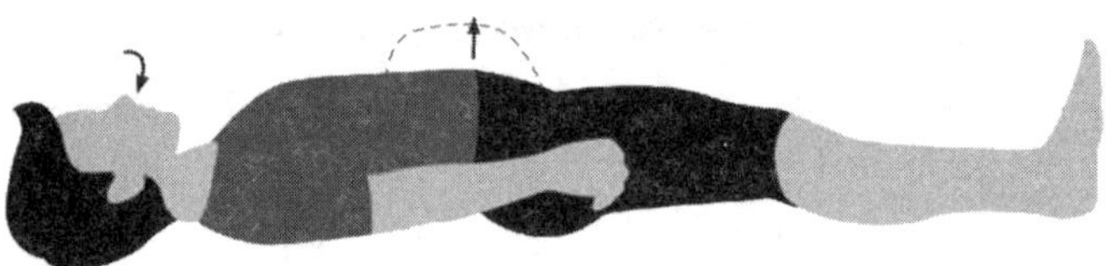

INSPIRACIÓN POR LA NARIZ

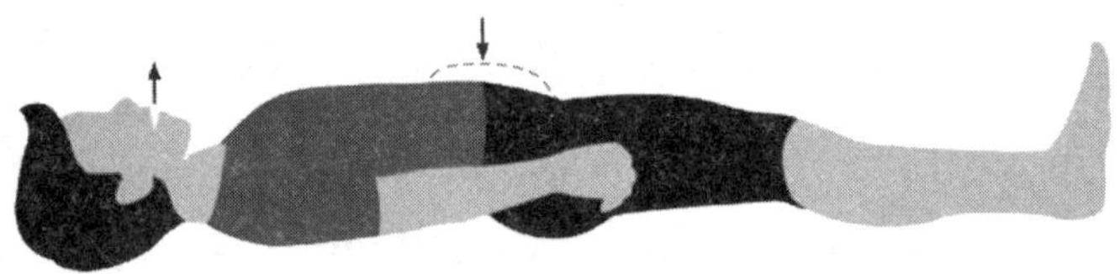

EXPIRACIÓN POR LA BOCA

Ejercicio de respiración abdominal

Al principio, es preferible la posición tumbada, que te permitirá liberar las tensiones del cuerpo y estar más disponible para el ejercicio.

1. Acuéstate cómodamente, cierra los ojos y por unos instantes, simplemente toma conciencia, respirando de forma natural, de los puntos de apoyo de tu cuerpo sobre lo que estés tumbado (suelo, alfombra, colchón…).
2. Coloca ambas manos sobre el estómago e inhala suavemente por la nariz, inflando el estómago como si fuera un globo. Siente cómo se te levantan las manos.
3. Luego exhala: tus manos van más abajo y tu estómago se desinfla. Aprovecha la oportunidad para relajar todo tu cuerpo.
4. A medida que inhalas, imagina que se expande el espacio entre el ombligo y la columna vertebral.
5. Mientras exhalas, imagina que este espacio se encoge como una banda elástica que se estira y se relaja.
6. Continúa así durante unos minutos, centrando toda tu atención en este movimiento respiratorio, que se va volviendo lento y constante.
7. A medida que buscas grandes amplitudes de inhalación y exhalación, te vas relajando.

¡Atención! Tu respiración no debe ser demasiado rápida ni demasiado profunda, ya que esto puede causar hiperventilación. Practicando este ejercicio regularmente, encontrarás el ritmo y la amplitud que te convenga y te relajarás en seguida. Y si surgen pensamientos parásitos, deja que pasen como nubes en el cielo.

Respiración completa

Ahora que has comprendido los mecanismos de la respiración y has practicado algunos ejercicios para integrarlos bien y vivirlos en tu cuerpo, te sugiero que te acerques a la respiración completa, utilizada en clases de relajación, sofrología o yoga, y que proporciona la mayor relajación.

Esta técnica combina las tres anteriores: abdominal, torácica y clavicular.

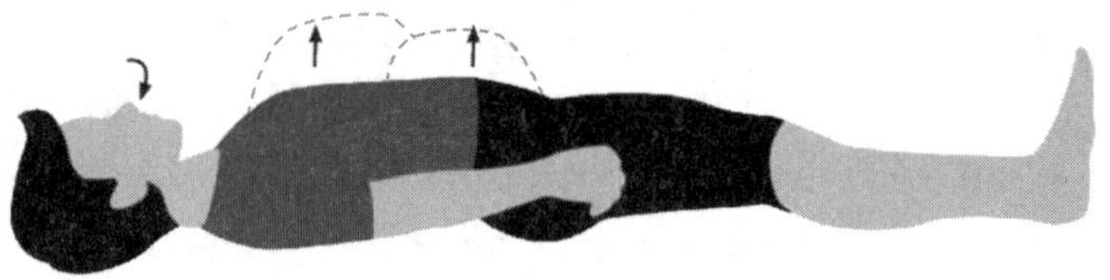

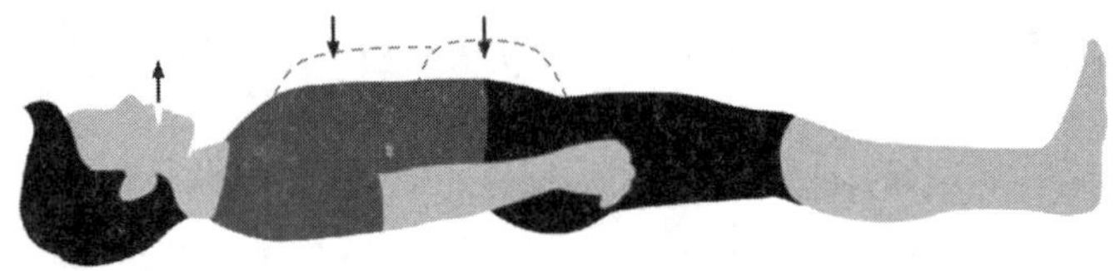

Ejercicio respiratorio completo

Empieza por asegurarte de que nadie te moleste, apaga los teléfonos y, si puedes, pon música de relajación. Al principio es preferible la posición tumbada. Con la práctica, verás que puedes hacer este ejercicio sentado o de pie.

1. Acuéstate cómodamente, cierra los ojos y por unos instantes, simplemente toma conciencia, respirando de forma natural, de los puntos de apoyo de tu cuerpo sobre lo que estés tumbado (suelo, alfombra, colchón…).

2. Coloca una mano sobre el estómago (sin presionar) y otra sobre el pecho. Practica unas cuantas respiraciones abdominales, torácicas y claviculares por separado para ayudarte a recordar cada técnica.

3. Practica cuatro o cinco respiraciones abdominales: inhala hinchando sólo el estómago; levanta la mano y lue-

go bájala al exhalar; la que está en tu pecho apenas se mueve…

4. A continuación, respira cuatro o cinco veces con el pecho: inhala e hincha únicamente los pulmones. El abdomen debe estar ligeramente más profundo para permitir que la caja torácica se expanda. La mano sobre el pecho se levanta mientras que la otra apenas se mueve. Luego exhala y deja que tu pecho regrese a su posición original.

5. Ahora practica de cuatro a cinco respiraciones claviculares…

6. Después puedes realizar el ejercicio de respiración completa: inhala lentamente por la nariz inflando el estómago, luego dilata la parte media del pecho para dejar que el aire pase a la parte superior de los pulmones (el estómago se retrae ligeramente). Y poco a poco exhala con profundidad a través de tu nariz.

7. De nuevo, inhala por la nariz inflando el vientre, dilata la región media del pecho, pasa el aire a la parte superior de los pulmones, luego exhala profundamente.

8. Repite este ejercicio a tu propio ritmo varias veces. Cerciórate de que tu respiración sea tranquila, suave y uniforme. Asegúrate de respetar los tres tiempos de inspiración: el estómago se levanta y luego se retrae ligeramente a medida que los pulmones se hinchan.

La práctica regular te permitirá controlar esta respiración. Cuando la domines, puedes comenzar directamente con la respiración completa sin repetir los pasos 3, 4 y 5.

Respiración para cada necesidad

Ahora que has adquirido algunas técnicas, puedes utilizar un ejercicio de respiración siempre que necesites calmarte o revitalizarte. ¿Cuál elegir? Esto dependerá del carácter y perfil de cada persona y de las circunstancias. Algunos pueden preferir la respiración abdominal, otros pueden optar por la respiración completa, o la respiración alterna o vigorizante, como se muestra a continuación.

Respiración relajante

¿Necesitas calmarte? ¿Quieres prepararte para una noche tranquila? Practica la respiración relajante.

• Objetivo

Recuperar la calma rápidamente, en cualquier circunstancia, sea cual sea la posición en la que nos encontremos.

En esta respiración, la exhalación es más larga que la inhalación y no hay suspensión respiratoria (retención de aire). Llevar la atención a las exhalaciones te ayudará a aliviar la tensión.

• Consejo

Para hacer este ejercicio, puedes imaginarte una botella que normalmente se llena por el cuello y se vacía desde abajo: la botella se llena de abajo hacia arriba y se vacía de arriba hacia abajo. Imagina que tú eres esa botella. Respiras por la nariz y exhalas por la boca.

Comienza a practicar en posición tumbada para experimentar el movimiento respiratorio. Con un poco de práctica, se puede hacer sentado, de pie o caminando. Si estás sentado, asegúrate de que tu columna vertebral esté derecha.

Puedes poner una música relajante de fondo.

Protocolo

1. Túmbate boca arriba, los brazos a lo largo del cuerpo, las piernas estiradas.
2. Pon una mano encima del abdomen, la otra encima del pecho.
3. Exhala profundamente para expulsar el aire de los pulmones.
4. Luego, inhala lentamente por la nariz, llenando primero el estómago, luego el tórax y el pecho.
5. Y exhala por la boca lo más lentamente posible, imaginando que estás soplando a través de una pajita. Visualizar la pajita aumentará tu concentración.
6. El pecho comienza a vaciarse, luego el tórax y finalmente el abdomen. Cuanto más lenta y suave sea tu exhalación, más calmante será.
7. Extiende la exhalación sin forzarla, no has de estar sin aliento o en apnea en ningún momento.
8. Después de una serie de cinco a diez respiraciones realizadas de esta manera, puedes enfocar una imagen que te evoque calma, relajación, tranquilidad. Puede ser un lugar, un objeto, un color, o lo que tú quieras.
9. Continúa respirando regularmente y déjate impregnar por la calma, la fuerza silenciosa que emerge de esa imagen.
10. Respira toda esta calma, luego exhala suavemente, siempre como si estuvieras soplando por tu pajita. Extiende la exhalación, pero no la fuerces.
11. Cuando exhales, dite a ti mismo que estás expulsando el estrés, las tensiones.
12. Continúa a tu propio ritmo.
13. Permanece consciente de la relajación que está teniendo lugar.

Para este ejercicio, puedes inhalar inicialmente durante cuatro segundos y exhalar durante seis segundos. Luego, con el tiempo, se puede inspirar, por ejemplo, durante seis segundos y espirar durante ocho. Con la práctica regular, incluso podrás inspirar durante diez minutos y espirar durante doce o más.

Relajación en tres puntos

¿Sientes que las tensiones se asientan en tu cuerpo? ¿Necesitas relajarte rápidamente? Practica esta relajación en tres puntos.

• Objetivo
Relajarte de pies a cabeza, rápidamente, durante tres respiraciones.

• Consejo
Esta técnica requiere cinco minutos de entrenamiento diario. Se puede practicar en posición sentada, primero, y luego de pie. La dominarás entrenándote; podrás usarla en todas las circunstancias y lugares, y rápidamente sentirás sus beneficios.

Protocolo

1. Respira profundamente; después, exhalando despacio por la boca como si estuvieras soplando a través de una pajita, suelta la barbilla (déjala caer un poco hacia el pecho y afloja los dientes) y baja la mandíbula, la cara, la parte posterior de la cabeza y el cuello.
2. Sé consciente de la relajación que se ha producido en esta zona: cabeza, cara, cuello.
3. Respira profundamente por segunda vez; luego, en una exhalación lenta, suelta los hombros, relaja los brazos, el pecho y la espalda. Toma conciencia de la relajación que ha ocurrido en estas partes del cuerpo.

4. Respira por tercera vez. En la exhalación lenta, relaja profundamente el estómago, las piernas y los pies. Así pues, con la ayuda de tres puntos focales –mentón, hombros y vientre– relajarás todo el cuerpo.

5. Ahora puedes descansar la mente concentrándote en tu respiración. Respira despacio, con regularidad, sin forzarte, sin imponerte un ritmo, y déjate mecer por este suave y armonioso movimiento respiratorio.

6. Finalmente, visualiza un sol a la altura del plexo solar y deja que su suave y calmante calor se extienda por tu cuerpo.

Respiración alterna

¿Te sientes confundido? ¿Necesitas discernimiento?

• Objetivos

Esta respiración estimula y armoniza los dos hemisferios cerebrales. Al hacerlo, equilibra el yin y el yang en el cuerpo. Por lo tanto, ayuda a aliviar la agitación mental, la ansiedad, la obsesión, la dificultad para concentrarse o la euforia excesiva.

• Consejo

Esta respiración se realiza mejor en posición sentada o de pie.

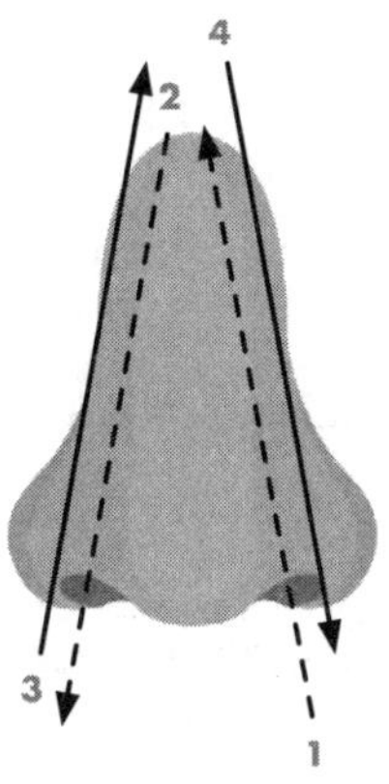

Protocolo

1. Cierra los ojos.
2. Coloca el pulgar con la mano derecha sobre la fosa nasal derecha y el dedo índice sobre la izquierda. Imagina que tu nariz es un techo con una parte superior en la parte delantera.
3. Cierra la fosa nasal derecha con el pulgar y deja abierta la fosa nasal izquierda.
4. Inspira por la fosa nasal izquierda, deja que el aire suba por la pendiente del techo, hacia arriba, en el centro de tu frente.
5. Cuando el aire llegue a la parte superior, suelta la fosa nasal derecha quitando el pulgar y cierra la fosa nasal izquierda con el dedo índice.
6. Deja que el aire fluya por la pendiente del techo hacia la derecha.
7. El aire debe fluir a través de ambos lados del techo por la parte superior.
8. Empieza de nuevo inhalando a través de la fosa nasal derecha; dirige el aire hacia arriba, luego cierra la fosa nasal derecha, suelta la izquierda y deja que el aire descienda por la pendiente del techo hacia la izquierda.
9. Continúa la práctica hasta que sientas que la calma mental se está asentando.

Respiración tonificante

¿Te falta energía? Trata de tonificar la respiración. Se puede practicar en cualquier momento. Sin embargo, evítalo por la noche (practica la respiración relajante al final del día).

• Objetivo

Energizar y tonificar el cuerpo cuando estés cansado o sientas un bajón de energía.

En esta respiración, la inhalación es más larga que la exhalación y no hay suspensión respiratoria (retención de aire). Presta atención a tus inspiraciones para recargar tus pilas.

• Consejo

Puedes hacerlo respirando mientras estás sentado, de pie o caminando.

Si lo practicas mientras estás sentado, asegúrate de que tus pies estén planos sobre el suelo (puedes permanecer descalzo o usar zapatos planos). La espalda debe estar recta; la cabeza, en el eje de la columna vertebral (imagínate un cable conectado a la parte superior de la cabeza que la alza hasta el cielo). Coloca las manos sobre el regazo para que no haya tensión en los brazos.

Respira por la nariz y expira por la boca.

Protocolo

1. Exhala profundamente vaciando los pulmones, el pecho y el abdomen.
2. Respira despacio a medida que llenas el abdomen, el tórax y el pecho.
3. Luego exhala completamente, todo de una vez, como lo haces para apagar las velas del pastel de cumpleaños. La exhalación debe ser corta, rápida, tonificada.
4. Después de una serie de cinco a diez respiraciones como ésta, visualiza una imagen que te evoque energía y dinamismo, y concéntrate en ella. Déjate imbuir por la fuerza que sale de esa imagen.
5. Entonces inhala esa fuerza lenta y profundamente.
6. Luego exhala con profundidad y rapidez.
7. Continúa hasta que sientas que la energía fluye libremente a través de tu cuerpo. Estate atento a ella, a los cambios sensoriales, a todo lo que sucede.

Respiración caliente

¿Bombardeado? ¿Ha comenzado la fatiga? He aquí una buena técnica para recargar las pilas.

- Objetivo

Calentar y energizar el cuerpo, especialmente el abdomen, para liberar el plexo solar, el centro de las emociones.

- Consejo

Esta técnica involucra las tres etapas de la respiración. Para practicarla, es necesario conocer y controlar la respiración calmante y tonificante.

Es preferible escoger la posición de pie: los pies deben estar paralelos, separados por una distancia igual a la anchura de las caderas; las rodillas, ligeramente dobladas para borrar la curva lumbar y proteger la espalda. La cabeza tiene que estar recta en el eje de la columna vertebral, y los brazos, a lo largo del cuerpo.

Protocolo

1. Alterna cinco respiraciones calmantes y cinco tonificantes.
2. Repite este ciclo hasta que sientas una sensación de calor en la parte superior del cuerpo.
3. Luego, visualiza un hermoso sol de verano, radiante y cálido, y colócalo a la altura del plexo solar.
4. Deja que caliente tu plexo, siente su suave calor que se extiende por todo tu abdomen y luego por todo tu cuerpo.

Coherencia cardíaca

Seguramente ya has oído hablar de la coherencia cardíaca o has leído artículos sobre el tema. Fue presentado por primera vez en francés por el Dr. David Servan-Schreiber, en su libro *Healing Stress, Anxiety and Depression without Medication*[4] (Robert Laffont, 2003), rápidamente impulsado al rango de referencia mundial en el campo del desarrollo personal y del cuidado autónomo.

La coherencia cardíaca es, en efecto, una práctica personal para controlar el estrés y las emociones.

El principio es simple: controlar el latido de tu corazón te permitirá controlar mejor tu cerebro. Cuando estamos en una situación estresante, nuestro corazón tiende a excitarse, sus latidos pueden volverse muy irregulares, lo que muestra la estrecha conexión entre nuestro cerebro y él. Como expliqué en el primer capítulo de este libro, cuando se enfrenta al estrés, el cerebro envía inmediatamente mensajes para movilizar todas las funciones del cuerpo que tienen un papel que desempeñar en la adaptación al estrés. Hemos visto que la aceleración de la respiración y el latido del corazón ocurren de forma casi instantánea; por lo tanto, nuestro cerebro influye directamente en nuestra frecuencia cardíaca.

Pero el vínculo entre el cerebro y el corazón existe en ambas direcciones. El corazón también puede influenciar a nuestro cerebro, ya que es posible controlar sus aceleraciones y desaceleraciones controlando nuestra respiración. Así, actuamos sobre nuestro sistema nervioso autónomo, que gestiona las regulaciones automáticas de nuestro cuerpo. Dominar nuestra respiración nos permite, por lo tanto, intervenir en nuestros automatismos.

Cuando respiramos conscientemente, es decir, observando y controlando nuestra respiración, en seguida adoptamos un

---

4. Hay traducción española, *Curación emocional: acabar con el estrés, la ansiedad y la depresión sin fármacos ni psicoanálisis*, Kairós, Barcelona, 2016. *(N. del T.)*

ritmo regular, con respiraciones y exhalaciones amplias y regulares. Nuestro corazón se sincroniza con nuestra respiración.

La coherencia cardíaca es simplemente la coherencia de nuestra frecuencia cardíaca y nuestra respiración.

Finalmente, respirando con suavidad, podemos lograr una frecuencia cardíaca más regular, reducir los signos de tensión, restablecer el equilibrio y así controlar nuestro estrés. Para hacer esto, debemos aprender a respirar tranquila y rítmicamente.

En su libro *Cohérence cardiaque 365*, el Dr. David O'Hare, especialista en coherencia cardíaca, describe los beneficios a corto, medio y largo plazo para nuestro equilibrio homeostático y, por tanto, para nuestra salud. He aquí los más importantes:

Los efectos de la coherencia cardíaca a corto y medio plazo

- Un efecto casi inmediato de relajación y calma.
- Disminución del cortisol, la principal hormona del estrés.
- Aumento de la DHEA, una hormona que modula el cortisol y que también desempeña un papel importante en retrasar el envejecimiento.
- Aumento de IgA (inmunoglobulina A) y refuerzo inmunológico.
- Aumento de la secreción de oxitocina, la hormona del amor y del apego.
- Aumento de las ondas alfa, ondas del despertar tranquilo y atento.
- Acción favorable sobre la dopamina (hormona del placer y recompensa) y la serotonina (hormona esencial para prevenir la ansiedad y la depresión).
- Disminución de la percepción del estrés.
- Impresión general de calma, facilidad para soltar y retroceder.

Los efectos de la coherencia cardíaca a largo plazo[5]

- Disminución de la presión arterial alta.
- Disminución de los riesgos cardiovasculares.
- Disminución de la ansiedad y prevención de la depresión.
- Mejor regulación de los niveles de azúcar.
- Mejor recuperación después del ejercicio para los atletas (la coherencia cardíaca ha sido practicada durante mucho tiempo por los mejores atletas).
- Mejor concentración y memoria.
- Disminución de los trastornos de atención.
- Mayor tolerancia al dolor.
- Mejora de la enfermedad asmática.

365: El principio de la coherencia cardíaca

La coherencia cardíaca básica se basa en un principio simple:

3 veces al día…

6 respiraciones por minuto… (Inspiro durante cinco segundos, espiro durante cinco segundos).

5 minutos de duración.

Y, por supuesto, los 365 días del año, es decir, todos los días.

Por lo tanto, es aconsejable contar cuando inhalas y exhalas para asegurarte de que respiras a buen ritmo. También te permite mantenerte enfocado en tu respiración sin dejarte llevar por pensamientos parásitos. Es posible utilizar guías de respiración que ahora están disponibles en gran número en Internet: rosetas que se abren y se cierran, olas que dibujan, pelotas que suben y bajan, etc. Todo el mundo puede elegir la imagen que mejor se adapte a sus necesidades. Su carácter hip-

---

5. Siempre y cuando se practique a diario.

nótico resulta a menudo una ayuda preciosa al principio, porque facilita la concentración, pero muy rápidamente el cuerpo «toma» el ritmo y nos las arreglamos sin estas herramientas. Otros guías de respiración son muy agradables de usar, como los cuencos tibetanos: te dejas guiar por el sonido que emiten cada cinco segundos. La ventaja es que puedes cerrar los ojos e interiorizarlo más fácilmente. El Dr. O'Hare ofrece algunos en su sitio web.[6]

Los ejercicios se realizan en posición sentada, los pies en el suelo, las manos en los muslos y la espalda recta. Los efectos de una sesión de cinco minutos duran de cuatro a cinco horas, de ahí la importancia de practicar tres veces al día, idealmente por la mañana al despertar, antes del almuerzo y al final del día.

Primera sesión, al levantarnos: esta sesión es importante porque, como vimos al principio de este libro, es el momento en que el nivel de cortisol es más alto para prepararnos para afrontar el día. El inconveniente es que todas las exigencias a las que nos vamos a ver sometidos, y que más o menos nos van a estresar, van a aumentar este ritmo, a veces en proporciones enormes. Un ejercicio de coherencia cardíaca por la mañana reducirá la frecuencia de inicio para que pueda regularse a lo largo del día y volver a la normalidad con mayor facilidad.

Segunda sesión, de cuatro a cinco horas más tarde: poco antes de la comida del mediodía, nos permitirá mitigar los efectos de los eventos de la mañana para reenfocarnos, para prepararnos para este momento de descanso que debe ser propicio al rejuvenecimiento (nada más dañino que comer bajo tensión), para facilitar la digestión y evitar la somnolencia de las prime-

---

6. www.coherenceinfo.com, en «Respirotheque».

ras horas de la tarde. Esto nos proporciona una nueva energía para comenzar la segunda parte de nuestra jornada laboral.

Tercera sesión, al final de la tarde: sesión tan importante como la sesión de la mañana, porque nos permite pasar a otro ritmo, prepararnos para afrontar lo que nos espera en casa, en nuestro «segundo día», disfrutar de la noche y asegurarnos un sueño de calidad. Lo ideal es que esta sesión se lleve a cabo antes de que regresemos a casa y nos veamos acosados por obligaciones domésticas. ¡Si vas en transporte público, es fácil! Siéntate cómodamente, cierra los ojos y haz el ejercicio con discreción. Si usas tu propio vehículo, simplemente detente, apaga el motor y concédete cinco minutos para tu pequeña sesión. Verás cómo cambiará completamente tu estado interno y llegarás a casa mucho más «zen».

También puedes programar una **cuarta sesión** una hora antes de acostarte para maximizar tus posibilidades de descansar bien durante la noche.

Sobre todo, recuerda que sólo la práctica diaria te permitirá obtener resultados a largo plazo: ¡quince o veinte minutos en un día de veinticuatro horas no es nada! Sin embargo, ¡cuántas veces me dicen «No tengo tiempo»! Es una lástima, porque se trata de una herramienta muy sencilla, accesible a todo el mundo, y con unas ventajas inestimables.

Así como dedicas tres minutos por la mañana, mediodía y noche para cepillarte los dientes, integra estos cinco minutos de respiración y con el tiempo verás que no podrás prescindir de ella.

Volver a la calma rápidamente

Cosas rápidas que hacer en segundos o minutos si te sientes inquieto, estresado o enojado.

Pequeño ejercicio de cambio de tensión

Pon una mano sobre el estómago, otra sobre el corazón, y sigue las instrucciones siguientes repitiendo mentalmente estas instrucciones:

1. Respiro profundamente contando 1, 2, 3, 4, 5. (Me hincho el estómago y me doy cuenta de que tengo el estómago hinchado).
2. Aguanto la respiración durante cinco segundos.
3. Exhalo: 5, 4, 3, 2, 1. (Desinflo el vientre y me doy cuenta de mi vientre desinflado).
4. Me tomo un descanso de cinco segundos.
5. Y vuelvo a empezar varias veces hasta que siento que la calma se va asentando en mí.

Si haces este simple ejercicio cada dos horas, tus días ya parecerán más ligeros y los terminarás más serenos.

La ola

1. Me acuesto boca arriba y me relajo.

2. Inspiro y espiro profundamente para poder hacer una ola con mi respiración.

3. Acompaño mi respiración imaginando las olas que vienen y van en la playa.

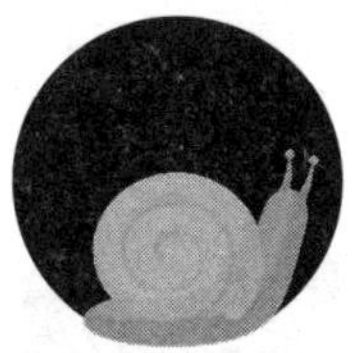

El caracol

Durante cinco minutos, trato de hacer todo a cámara lenta. Lo más despacio posible…, caminar, comer, escribir…, tomando conciencia de lo que estoy haciendo.

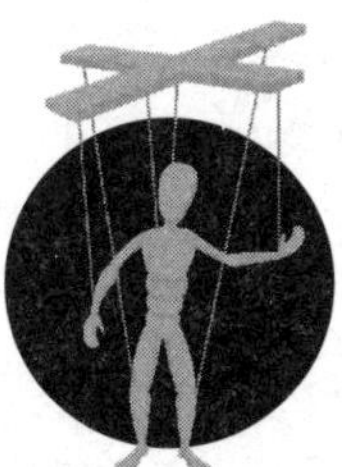

El títere

Salto en el acto veinticinco veces como una marioneta desarticulada y libero todas las tensiones acumuladas en mi cuerpo.

El árbol

Arraigo mis pies en la tierra, levanto mis manos al cielo, con los dedos abiertos. Soy un árbol: mis pies son las raíces; mis piernas y el tórax, el tronco; mis brazos y manos, las ramas y las hojas. Estoy bien arraigado y respiro profundamente por un minuto.

Imágenes positivas

1. Me siento en silencio, cierro los ojos y respiro despacio.
2. Espontáneamente dejo que a mi pantalla mental vengan imágenes que me evocan calma y serenidad: mi lugar favorito, mi animal preferido, mi mejor amigo, un recuerdo de las fiestas, etc.
3. Cuando inspiro, inspiro toda la calma contenida en esas imágenes.
4. Al exhalar, dejo que esta calma se extienda por todo mi cuerpo repitiendo: «Estoy tranquilo, cada vez más tranquilo».

En resumen

A continuación hay una hoja ANTIESTRÉS publicada por la Federación Francesa de Cardiología. Allí encontrarás, de forma resumida, todo lo que acabamos de hablar. También puedes descargarte el folleto «Heart and Stress» (Corazón y Estrés) publicado por la Federación de forma gratuita visitando su sitio web.[7]

El 33 % de los ataques cardíacos tienen el estrés como su principal factor.

El estrés puede causar:

- un aumento de la frecuencia cardíaca;
- un aumento de la presión arterial;
- un aumento de la frecuencia respiratoria;
- hipertensión.

El estrés es una respuesta normal del cuerpo a un conjunto de contextos que cambia su funcionamiento normal.

Positivo, puede ser percibido como agradable y lleva a la acción. Negativo, pone en peligro la capacidad del individuo para sobrellevar la situación y genera emociones desagradables: ansiedad, ira, desánimo.

Afortunadamente, el estrés no es inevitable y hay maneras de protegerse de él.

Las 10 reglas de oro para reducir el estrés

    1. Respiración: coherencia cardíaca para controlar el estrés; la regla de 3, 6, 5: 3 veces al día, respiro a un ritmo de 6 ciclos

---

7. www.fedecardio.org/notre-documentation

respiratorios por minuto durante 5 minutos. A medida que inspiro, mi ritmo cardíaco y mi presión arterial aumentan, y cuando exhalo, ocurre lo contrario. Cinco minutos: el tiempo necesario para tener un efecto fisiológico eficaz sobre las hormonas del estrés, incluido el cortisol.

2. Me organizo, ya sea en el trabajo o en casa: en cuanto siento que la situación se me va de las manos, planifico y anticipo. Priorizo las tareas, desde las más urgentes hasta las que pueden esperar.

3. Practico al menos treinta minutos de actividad física diaria, pues fortalece el sistema antiestrés.

4. Bebo menos café y alcohol.

5. No fumo; si fumo pensando que me relaja, me equivoco: al contrario, corro el riesgo de sufrir un infarto de miocardio.

6. Llevo una dieta equilibrada: tres comidas al día con cinco frutas y verduras; menos grasa, azúcar y sal. Nada de merendar.

7. Cada día me regalo momentos de relax: relajación, meditación, lectura, música, cine… Me doy el gusto una vez al día.

8. Siempre planifico de diez a veinte minutos adicionales en mi tiempo de transporte: básicamente, no cambiará mi horario y me permitirá comenzar el día mucho mejor.

9. Respeto mi ritmo de sueño: si siento la llamada de la almohada, no peleo. Me acuesto temprano, preferiblemente a una hora fija. Y pienso en comer al menos una hora antes de acostarme. Mi digestión sólo mejorará.

10. Si siento la necesidad, no dudo en consultar a un especialista: psicólogo, psicoterapeuta…

Actuando en mi entorno

Después de restaurar el equilibrio fisiológico y adoptar algunas técnicas de respiración que nos ayudan a manejar rápidamente los brotes de estrés, ¿qué más podemos hacer para mejorar nuestra vida diaria? Simplemente prestar atención a nuestro entorno, el cual puede ser una fuente de estrés recurrente.

Mi entorno privado y familiar

Como vimos al principio de este libro, el entorno puede ser un factor estresante si no nos sentimos cómodos con él. Varios tipos de contaminación (visual, olfativa, auditiva, sonora, química, etc.) pueden alterar la armonía que necesitamos para mantener nuestro equilibrio, recargar nuestras pilas y desarrollarnos.

A nosotros nos corresponde hacer un balance de todos los problemas y tomar las decisiones necesarias en lugar de seguir quejándonos de lo que no nos gusta.

Como dije en las páginas anteriores, la familia es un lugar para recargar las pilas y descansar. Pero es frecuente que el entorno familiar sea también un factor de estrés, ya que cada miembro tiene su propio ritmo, así como intereses, necesidades y aspiraciones diferentes de los de los demás. Reconciliar todos estos aspectos es a veces una tarea difícil, pero es esencial llevarla a cabo para que todos en este lugar tengan el espacio necesario para encontrarse, para reenfocar. Lo ideal es que este entorno familiar se diseñe de mutuo acuerdo después de que todos hayan tenido la oportunidad de expresar sus necesidades y demandas.

Mi entorno profesional

Nuevamente, encontremos los trucos que nos permitirán recuperar nuestro espacio para recrear una apariencia de intimidad preservando la comunicación.

Empecemos por hacer una pequeña lista: la de todas las posibilidades que tenemos, a veces muy simples, para hacer nuestro entorno más agradable, más relajante, más sereno.

El principio es el mismo que antes: tener en cuenta las necesidades de todos, si trabajamos con varios colaboradores, para crear un espacio común que pueda satisfacer a todos. Y, por supuesto, respetar las necesidades del otro, que pueden ser las opuestas a las nuestras. ¡Un verdadero ejercicio de convivencia!

Gestión del tiempo

Cuando entendemos que un acontecimiento inesperado, la pérdida de control sobre lo que ocurre, una situación lejos de lo que esperábamos o un cambio significativo con la pérdida de nuestros puntos de referencia pueden ser factores estresantes significativos, llegamos a la conclusión de que aprender a manejar mejor nuestro tiempo ayuda a reducir nuestro nivel de estrés.

¿Sigues con prisas? ¿Tus días son demasiado cortos? ¿Te sientes cansado todo el tiempo? Puede ser que estés administrando mal tu tiempo (o que no lo estés haciendo en absoluto). Hacer del tiempo tu aliado es posible, y te propongo descubrir cómo conseguirlo.

Autodiagnóstico

El tiempo no es un recurso expandible, por lo que te conviene hacer un autodiagnóstico si tienes ciertos síntomas. Para ayudarte a hacerlo, te proporciono algunos cuestionarios que estimularán tu pensamiento y te permitirán evaluar tu situación. Trata de hacer un dibujo real y preciso (¡sólo tú serás el juez!).

Evaluar el problema	SÍ	NO
Nunca tengo tiempo suficiente para hacer las tareas realmente importantes.		
Siempre estoy ocupado con lo urgente.		
A menudo me quedo hasta tarde en el trabajo para completar mi trabajo.		
Con frecuencia me llevo trabajo a casa.		
Casi siempre me ahogo en papeleo.		
A menudo hago el trabajo de otras personas.		
Me siento indispensable.		
Mi tiempo se va en demasiadas reuniones.		
No sé cómo decir que no.		
Dejo que mi tiempo (profesional o privado) sea marcado por los que me rodean.		
Siempre siento que se me acaba el tiempo.		
A menudo siento que llego tarde.		
Con frecuencia me siento ansioso, deprimido.		
Rara vez termino mi trabajo a tiempo.		

Resultados

Si tienes más del 50 % de SÍ, obviamente tienes un problema con el tiempo y es urgente que tomes medidas para reorganizarlo.

Para reorganizar nuestro tiempo, primero debemos recuperar el control de los acontecimientos que ocurren en nuestras vidas. Cuanto más los dominamos, mejor podemos decidir nuestro horario sin que se nos imponga desde fuera. Para ello, propongo a continuación un trabajo reflexivo que te permitirá determinar cuáles son tus principales «ladrones de tiempo».

Haz una lista de ellos usando los ejemplos siguientes.

Ladrones de tiempo de origen externo

- Llamadas telefónicas inesperadas o excesivamente largas.
- Chatear con colegas o amigos que sólo hablan de sus problemas.
- Reuniones que son demasiado frecuentes, y demasiado largas.
- Entrevistas o reuniones mal preparadas.
- Interrupciones por parte de colegas, niños, padres…
- Visitantes que llegan inesperadamente.
- Conflictos mal gestionados que perduran.
- Falta de información o información confusa.
- Objetivos y prioridades de negocio mal definidos.
- Una descripción confusa de una tarea.
- Órdenes contradictorias de varias fuentes.
- Se da prioridad a las tareas secundarias sobre las importantes.
- La mala organización de los demás.
- Incumplimiento de la planificación.
- Procedimientos administrativos que nos ocupan demasiado tiempo.

Los ladrones de tiempo externos existen. Cada día somos interrumpidos en nuestras actividades por una masa de acontecimientos inesperados, que gestionamos más o menos bien en función de nuestra personalidad. Pero los ladrones más delicados de localizar están dentro de nosotros y provienen de nuestra forma de hacer las cosas o de nuestra forma de ser.

Ladrones de tiempo de origen interno

- Objetivos y prioridades confusos y cambiantes.
- La falta de planificación para el día.
- Tareas inconclusas, aplazadas.
- Se da prioridad a las tareas secundarias sobre las importantes.
- Perfeccionismo y excesivo detalle.
- La falta de orden y planificación.
- Dificultad para entender y aceptar los cambios.
- Falta de comprensión de la información debido a la falta de formación adecuada.
- La dificultad de decir que no. Hacerse cargo de cosas que otros podrían o deberían hacer.
- Fatiga, estrés.
- La dificultad para tomar una decisión.
- Falta de concentración, disciplina y motivación.
- La tendencia a no reconocer los errores.
- Falta de confianza en los demás.
- Actitud negativa.

Esta lista no es exhaustiva. Trata de establecer una lista cuidadosa de lo que dificulta una buena organización de tu tiempo. La eliminación de unos pocos ladrones de tiempo genera más eficacia.

Estos ejercicios ciertamente te han permitido realizar tu autodiagnóstico, quizás por primera vez. ¿Y ahora qué? ¿Cómo puedes implementar acciones que te permitan gestionar tu tiempo de forma óptima y, en consecuencia, reducir los factores estresantes de tu entorno? Pues analizando cómo usas tu tiempo y priorizando tus tareas.

Jerarquizar y priorizar: la matriz de Eisenhower

Nada es más desagradable y frustrante que llegar al final del día, sin detenerse ni un minuto, y descubrir que de la lista de tareas que habíamos establecido por la mañana, apenas el 50 % están terminadas. ¿Qué hemos hecho entonces?, ¿en qué hemos gastado nuestro tiempo?

Desagradable, frustrante, pero también peligroso, porque si esta situación se vuelve recurrente, se convertirá en un importante factor de estrés, haciendo que pierdas la confianza en tus habilidades y disminuyendo tu autoestima.

Así que si éste es tu caso, reacciona lo antes posible. Para hacer esto, comienza registrando todas tus actividades diarias durante unos días, indicando el tiempo exacto que les dedicas. Y cuando digo todas, realmente son todas, incluso las pocas visitas que haces a tus amigos en las redes sociales… Esto puede sonar exigente, pero verás que te proporcionará información valiosa sobre cómo usas tu tiempo y qué ladrones de tiempo hay que eliminar.

Luego, organízate y establece tus prioridades. Para ayudarte, te presento una herramienta eficaz: **la matriz de Eisenhower,** desarrollada por Dwight David Eisenhower, que poseía un extraordinario sentido de la organización. Tenía un arma secreta, de gran sencillez y eficacia, a la que llamó su «matriz».

Sigue siendo utilizada hoy en día por los líderes de negocios más eficaces, las empresas y cualquiera que tenga que tomar decisiones importantes de forma rápida y eficiente o que tenga que llevar a cabo un gran número de tareas a un ritmo constante. Puede ser una ayuda valiosa si te sientes abrumado por una multitud de tareas por realizar.

No resolverás todos tus problemas con un chasquido de tus dedos, pero te ayudará a dar un paso atrás y fijar fácilmente tus prioridades.

Comienza estableciendo por la mañana (o, idealmente, por la noche para el día siguiente) la lista de tareas que deseas o necesitas realizar durante el día. Una vez establecida esta lista, pasa por el filtro de matriz, es decir, identifica lo importante/urgente, importante/no importante o menos urgente, no importante/urgente, no importante/no urgente (éstos son los que a menudo terminan en la canasta).

En la práctica: un bolígrafo, una hoja de papel, cinco a diez minutos de reflexión… ¡y la tensión bajará! Te lo garantizo.

Para dibujar la matriz de Eisenhower, toma una hoja de papel, traza una gran cruz en el centro y divide su superficie en cuatro áreas.

- Encima del área de la parte superior izquierda, escribe «urgente».
- Encima del área de la parte superior derecha, escribe «no urgente».
- En el margen de la zona superior izquierda, escribe «importante».
- En el margen de la zona inferior izquierda, escribe «no importante».

Siguiendo el principio de las tablas de doble entrada, las cuatro zonas pueden denominarse de la siguiente manera:

«Importante y urgente»
«Importante y no urgente»
«No importante y urgente»
«No importante ni urgente»

La matriz de Eisenhower

	Urgente	No (o menos) urgente
Importante	• Tareas importantes y urgentes. • Ser tratado como una prioridad. • **Para hacerlo tú mismo.**	• Tareas urgentes pero menos importantes. • Para ser realizado rápidamente. • **Se puede delegar.**
No importante	• Tareas no urgentes pero importantes. • Puede esperar. • **Se puede delegar.**	• Tareas no importantes y no urgentes. • A menudo tareas innecesarias que nunca serán realizadas. • **Para ser desechado.**

Para hacer el mejor uso de esta matriz y optimizarla, así como para asegurarte que manejas tu tiempo de la manera más eficaz posible, he aquí algunos consejos resumidos en el cuadro siguiente:

EN RESUMEN - Para administrar tu tiempo

1. Comprométete a mejorar la gestión del tiempo.
2. Determina quiénes son tus ladrones de tiempo para eliminarlos.
3. Define regularmente tus actividades más productivas.
4. Establece tus prioridades. Pregúntate a ti mismo:
   - ¿Es de alta eficacia?
   - ¿Es esto coherente con los objetivos?
   - ¿Es urgente?

   Utilizar el sistema ABCD (matriz de Eisenhower).
   - A - Lo hago yo.
   - B - Lo pospongo.
   - C - Lo delego.
   - D - Lo rechazo.
5. Sigue estos consejos:
   - Empieza siempre por la actividad de mayor prioridad.
   - Concéntrate en tus prioridades.
   - No te rindas hasta que termines.
   - Aprende a decir que no.
6. Tómate el tiempo para hacer tu plan:
   - Diario (5-10 min.)
   - Semanal (20-30 min.)
   - Mensual (40-60 min.)
   - Trimestral (2-3 horas)
   - Anual (2-3 días)
7. Delega tanto como sea posible.
8. Evita la delegación inversa, es decir, la delegación de tareas en ti.

Objetivos realistas

Para poner de tu lado todas las posibilidades de alcanzarlos, pasa tus objetivos por el filtro de las siguientes preguntas:

¿Este objetivo está en línea con mis valores?

Se trata de fijar objetivos que vayan en la dirección que quieres dar a tu vida, que te den toda la motivación que necesites para conseguirlos y la máxima satisfacción cuando los hayas conseguido.

Aquí hay algunas otras preguntas para hacerte, esta vez en relación con tus valores y creencias fundamentales, que pueden ayudarte a identificar opciones mal definidas o en conflicto:

- ¿Qué es lo más importante en mi vida?
- ¿En qué quiero centrarme?
- ¿Qué estoy buscando a través de mis diferentes roles (dentro de mi familia, mi entorno profesional, mi entorno relacional)?
- ¿Cuál es mi necesidad de equilibrar el trabajo, el ocio, la salud, la espiritualidad, el desarrollo personal, las relaciones emocionales?
- ¿Las necesidades identificadas por las preguntas anteriores se cubrirán a través de este objetivo?

¿Soy capaz de proyectarme en el futuro y crear una película de las diferentes etapas que me permitirán alcanzar mi objetivo? ¿Una imagen en la que me veo a mí mismo habiendo logrado mi objetivo? ¿Qué veré, sentiré y escucharé cuando lo alcance? ¿Cómo sabré si he logrado el resultado deseado?

¿Alguna vez cierras los ojos y te imaginas en un lugar o situación de tus sueños? Bueno, sueña con tus metas de la misma manera, con bellas imágenes que tu inconsciente grabará. Y, con el fin de reforzar esta visualización, escribe tus «sueños de metas» y mantén un diario en el que anotes cada día las acciones tomadas para alcanzar tu objetivo. Lo que se escribe se materializa más fácilmente.

¿Este objetivo está totalmente bajo mi control?

Para saber si tu objetivo está bajo tu control, primero debes hacerte estas dos preguntas:

- ¿Lo hago por mí o por alguien más?
- ¿El resultado depende sólo de mí?

Por ejemplo, decides dejar de fumar porque tu pareja te lo pide: es mucho menos probable que logres tu objetivo que si decides dejar de fumar para promover tu buena salud y tu bienestar diario. Recuerda que es más fácil alcanzar tu meta si corresponde a tus valores y al sentido que le das a tu vida.

He aquí un ejemplo de un objetivo que no depende de ti: quieres tomarte cuatro semanas de vacaciones en julio. En primer lugar, tu jefe tendrá que estar de acuerdo, por lo que este objetivo no depende de ti y no controlas la situación. Por otro lado, puedes fijarte el objetivo de tener su acuerdo, y para ello, puedes visualizar los pasos que te permitirán obtenerlo.

Las dos preguntas anteriores ya te permiten medir tu determinación. Es cierto que si el objetivo se opone totalmente a tus valores, si no puede proyectarse hacia el futuro, y si las distintas etapas no están en absoluto bajo tu control, tendrá muy pocas posibilidades de éxito.

Sin embargo, si respondiste SÍ a esas dos preguntas, puedes afinar tu pensamiento contestando también las siguientes cuestiones:

- ¿Es mi objetivo medible en el tiempo?
- ¿Está mi objetivo formulado de manera positiva?
- ¿Su éxito será gratificante para mí?
- ¿Tengo los recursos suficientes y necesarios (financieros, materiales, intelectuales, espirituales, morales) para tener éxito?
- Si es necesario, ¿puedo contar con el apoyo de mi familia, amigos, colegas?
- ¿Es adaptable mi objetivo? ¿Puede adaptarse a mis fortalezas y habilidades?

Cuanto mayor sea el número de respuestas positivas, mayor será la calidad y consistencia de tu objetivo, y mayor será la probabilidad de alcanzarlo sin estrés o, al menos, con el menor estrés posible.

Diez claves para desarrollar una actitud positiva en la vida cotidiana

Nuestra sociedad nos empuja a ser eficientes en todos los ámbitos, profesionales o personales, y a mantener un ritmo frenético, mostrando una cierta ligereza y, sobre todo, enmascarando el sufrimiento que a veces nos abruma. ¿Cómo podemos vivir a pleno rendimiento sin sufrir ningún efecto negativo en nuestra salud física y psicológica?

¿Qué actitud podemos desarrollar para ver el vaso «medio lleno» en lugar de «medio vacío» y adoptar hábitos que puedan mejorar nuestro bienestar?

El primer hábito que debemos tomar y cultivar es, por supuesto, vivir en el presente, apreciar plenamente cada momento, vivirlo y actuar con toda conciencia. No reflexiones sobre el pasado, sobre el que ya no tienes ningún poder de acción, y no te anticipes demasiado al futuro. Dedica tu energía a las cosas que tienes que hacer en tu día y que tienen sentido, da lo mejor de ti mismo, hazlo todo lo mejor que puedas (sin aspirar a la perfección, lo que puede ser una fuente de frustración). Esto te dará la oportunidad de sentir una satisfacción beneficiosa que nutrirá tu autoestima.

Clave 1 - Vive en el momento presente

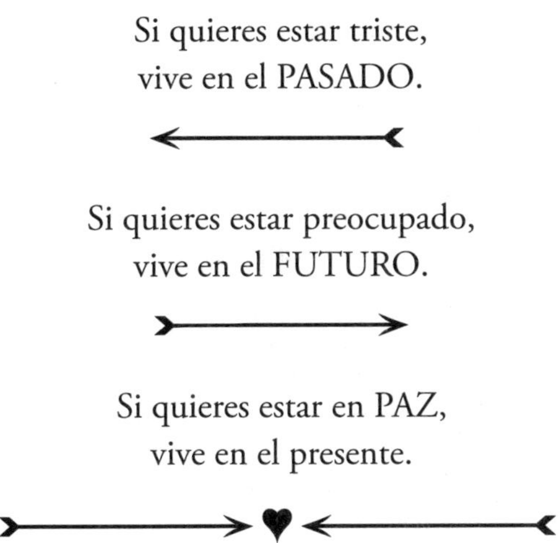

Es esta alquimia entre nuestras acciones actuales y la satisfacción obtenida lo que guía nuestra actitud hacia lo positivo.

Clave 2 - Aprende del pasado

No rumiar sobre el pasado no significa olvidarlo completamente y negarlo. Por el contrario, el pasado es rico en lecciones y puedes usar los acontecimientos que has experimentado, tus errores, tu torpeza, tus fracasos o lo que te parezca para convertirlos en «espuelas de crecimiento». Tus experiencias pasadas, por dolorosas que sean, se convierten en experiencias de aprendizaje que pueden encarnar nuevos puntos de partida. Los errores son humanos y el secreto de una actitud positiva consiste en usarlos como trampolín en lugar de repetirlos con culpa. ¡Sé amable contigo mismo!

Y si tienes que pensar en el pasado, ¡recuerda tus éxitos, no tus fracasos!

Clave 3 - Construye tu futuro

Un nivel de ansiedad demasiado alto en relación con el futuro es un verdadero obstáculo para considerarlo con calma. Si vives permanentemente con la idea de que lo harás mal o que te arriesgas a cometer errores, te será difícil percibir el futuro de una manera positiva. Cuando mires hacia el futuro, hazlo con confianza, ten seguro que estarás a la altura de la tarea y que todo se hará de la mejor manera posible. Mientras tanto, haz todo lo posible para prepararlo y planificar tus acciones de acuerdo con tus valores, sin querer lograr un resultado óptimo. Un pensamiento correcto para una acción correcta.

Clave 4 - Haz tu «bolsa de trucos»

Acumula en tu jornada todas esas cosas sencillas que te generan pensamientos felices y positivos: almorzar o tomar un café con un compañero de tu agrado, hacer una llamada telefónica a tu mejor amigo, ver una comedia en el cine, jugar con tus hijos, cruzar un parque escuchando el canto de los pájaros, detenerte en un ramo de flores para oler su perfume, rememorar los recuerdos de las vacaciones, etc. Deja que tu imaginación te guíe y verás que eres capaz de hacer una lista de estímulos positivos. Todos estos estímulos harán su trabajo inconsciente en tu mente y mantendrán tu actitud positiva.

Clave 5 - Alimenta tu cerebro con positividad

Si siempre consideras lo peor, ¡acaba pasando! Nuestros pensamientos crean nuestra realidad. Todo lo que almacenas en tu cerebro se expresará de una manera concreta en tu vida, porque el cerebro no hace la diferencia entre lo que imaginas y la realidad.

Si imaginas una realidad oscura, lo será. Si imaginas una realidad luminosa, así será. Si todo lo «ennegreces», transmitirás actitudes austeras, oscuras y negativas a tu cuerpo.

«¿Cómo hacerlo?», puede que te preguntes. En primer lugar, desarrollando un mínimo de vigilancia hacia ti mismo, es decir, estando atento a tu manera de pensar y de expresarte. Escoge oraciones afirmativas y elimina las negativas. Identifica las frases y pensamientos negativos que se repiten en tu lenguaje, haz una tabla con ellos e indica en cada caso la expresión que podrías usar para reemplazarlos. Otro pequeño trabajo de introspección…

Llénate de pensamientos positivos poderosos y pronto verás el impacto en ti mismo —menos estrés, menos tensión— y en los que te rodean.

Clave 6 - Tu postura influye en tu estado interno

Ten en cuenta que la actitud de tu cuerpo afecta a tu estado interno. Seguramente ya habrás notado que cuando estás triste o deprimido, tiendes a moverte con lentitud, sin entusiasmo, sin dinamismo. Bueno, lo contrario también es verificable y verificado.

Si adoptas voluntariamente una actitud dinámica, de inmediato te sentirás atraído por un impulso energético más optimista. Es una forma beneficiosa de autoacondicionamiento. Cuando no te sientas emocionalmente en forma, haz el esfuerzo de observar tu postura (o la forma en que caminas o hablas) y modifícala de inmediato. Notarás en seguida los cambios.

Clave 7 - Tu actitud influye en las personas que te rodean

Tu actitud positiva, además de calmar tu propia vida, tendrá una influencia energizante en los que te rodean. La alegría es contagiosa y quien «suda» lo positivo atrae a los demás y suele tener una vida social satisfactoria. Todo el mundo quiere estar alrededor de una persona alegre, que vea el lado positivo de las cosas, que sea capaz de poner las dificultades en perspectiva, o que las transforme en desafíos, que sea capaz de sentir empatía, escuchar, etc. ¿Conoces el dicho que dice que cosechas lo que siembras? Así que siembra lo que quieras cosechar: alegría y felicidad.

Clave 8 - Practica la autosugestión consciente o método Coué

La autosugestión consciente es un método de desarrollo personal reconocido que es efectivo, gratuito y accesible para todos. Fue desarrollado por Emile Coué a principios del siglo pasado. Adaptada a todos los temas, desde el desarrollo personal hasta la salud, pasando por «vivir mejor en una empresa», la autosugestión consciente permite evolucionar, sentirse mejor psicológica y físicamente. Esta técnica es la base de muchos de los métodos de crecimiento personal desarrollados en los últimos años.

Poseemos dentro de nosotros un poder incalculable que cuando lo manejamos inconscientemente, es a menudo perjudicial. Si, por el contrario, lo dirigimos de manera consciente y sabia, nos da autocontrol y nos permite no sólo ayudarnos a nosotros mismos y a otros a escapar de la enfermedad física y moral, sino también a vivir relativamente felices, cualesquiera que sean las condiciones en las que nos encontremos.

EMILE COUÉ[8]

Constantemente producimos pensamientos, positivos o negativos, sobre los que la mayor parte del tiempo no tenemos control; llegan en miles, se empujan, los nuevos ahuyentan a los anteriores en un torbellino incesante: sesenta mil pensamientos al día, según los especialistas.

Algunos se imponen más que otros, y como nuestros cerebros no diferencian entre nuestra imaginación y la realidad, dedicamos nuestro tiempo a sugerir nuestros propios pensamientos e influir en nuestras propias acciones, desafortunadamente no siempre de una manera positiva. Y nos hemos convertido en maestros de la autosugestión negativa inconsciente.

Así que también podríamos practicar conscientemente la formulación de autosugerencias positivas y específicas que se adapten a nuestras necesidades.

La autosugestión universal de Emile Coué es sencilla y fácil de usar. Se trata de repetir en voz alta su famosa frase: «Cada día que pasa, estoy mejor en todos los aspectos».

Emile Coué recomendó repetir esta frase veinte veces seguidas y dos veces al día, por la mañana al despertar y por la noche antes de dormir, en voz alta, de forma mecánica, como una letanía.

---

8. Esta presentación de la autosugestión consciente está tomada del sitio diseñado por Luc Teyssier d'Orfeuil, coach, formador, conferenciante, gran defensor y promotor del método Coué, en www.autosuggestion.fr. En este sitio web, podrás encontrar mucha información detallada y explicada sobre el método Coué. Las referencias bibliográficas al final de este libro también proporcionan una base para ampliar la lectura.

Esta frase se imprimirá en tu inconsciente a través de la fuerza de la repetición y producirá lo que contiene en sustancia. De esta manera, estarás bien en todos los aspectos, siendo la sentencia tanto terapéutica como preventiva.

También tienes la posibilidad de construir sugerencias adaptando a tus necesidades particulares la frase de Coué que sirve de modelo de expresión simple:

- Usa el yo, que te involucra a ti.
- Utiliza un verbo de acción (por ejemplo, «Quiero», «Duermo»).
- Formula tu autosugestión de manera positiva, es decir, elimina todas las formas de negación y los verbos que suscitan dudas, como «intentar».
- Especifica el lugar y la hora o duración de tu petición (por ejemplo, «esta noche duermo profundamente en mi cama hasta las siete de la mañana»).

Puedes apoyar tu autosugestión por medio de la visualización, como se practica en la sofrología, por ejemplo. O crear una imagen (real y de memoria, o virtual y correspondiente a tu ideal) que, asociada a una emoción, te permitirá (re)encontrar el estado interno deseado.

También puedes hacer una película e imaginarte en una situación futura, visualizándote en la acción como deseas alcanzarla o como si hubieras alcanzado el objetivo que te habías propuesto. Muchos atletas de alto nivel practican este tipo de visualización.

Para ayudarte en tu aprendizaje, y porque a veces es difícil al principio construir tus propias sugerencias, aquí tienes una lista de frases para repetir en relación a varias necesidades. Repítalas, como recomienda Emile Coué, veinte veces por la mañana y veinte por la noche.

Sugerencias para que las frases se repitan de acuerdo a sus necesidades

La frase universal de Coué
- Cada día que pasa estoy mejor en todos los aspectos.

Construir la autoestima
- Soy yo mismo, me acepto como soy.
- Sé adónde voy, le doy sentido a mi vida.
- Pienso en mí mismo, disfruto de los buenos momentos de la vida.
- Me expreso y me afirmo.

Construir la confianza en uno mismo
- Tengo confianza en mí mismo, cada vez más confianza en mí mismo.
- Tengo confianza en mí mismo y en lo que la vida me ofrece.
- Mi seguridad personal crece con cada día que pasa.
- Me enfrento a los demás positivamente.

Para reforzar el entusiasmo
- Estoy lleno de energía y vitalidad.
- Tengo el poder de alcanzar mis metas.
- Tendré éxito en todas las áreas de mi vida.
- Me fijé metas realistas y alcanzables.

Para mejorar la comunicación

- Me expreso libre y fácilmente.
- Mi voz se hace cada vez más fuerte y más presente.
- Me siento cada vez más cómodo delante de la gente.
- Me comunico fácilmente y estoy abierto a las relaciones.

Para beneficiar al cuerpo

- Amo mi cuerpo y lo cuido.
- Quiero ser bueno conmigo mismo y me respeto.
- Me cuidaré cada vez más y mejor.

Para ayudarse a sí mismo a dejarse llevar

- Yo digo que sí a lo que es.
- Acepto lo que soy y me aprecio por lo que soy.
- Confío en la vida y la vida me lo devuelve.
- Doy un paso atrás y pongo el estrés en perspectiva.

Para fortalecer tu capital de oportunidades y fomentar los encuentros

- Creo relaciones armoniosas y positivas a mi alrededor.
- Estoy de acuerdo en dar y recibir afecto.
- La vida me llena de beneficios, diariamente y cada día más.
- Me siento en forma y dispuesto, cada vez soy más positivo.
- Siempre me concentro en lo positivo.

Para mejorar la salud

- Tengo apetito por la vida y estoy bien.
- Como lo que necesito y estoy bien.
- Lo que como me fortalece y me mantiene saludable.
- Duermo profundamente un sueño reparador que me regenera.

Ahora que has entendido el principio, puedes tomar estas sugerencias para una redacción positiva y modificarlas o completarlas según tus necesidades.

Para aumentar su efecto, adórnalas con una imagen, real o virtual, que anclará aún más su formulación. Puedes escribirlas en papelitos que esparcirás a tu alrededor y que serán como un recordatorio cada vez que los mires. La visión de las autosugerencias que escribimos para nosotros permite que sean impresas en nuestro cerebro a través de nuestros ojos. El movimiento físico de la escritura también proporciona un anclaje kinésico.

Clave 9 - Cultiva el «dejar ir»

«¡Suéltalo!», escucha decirle a su amiga, a la que acaba de contar la última discusión con su hijo adolescente sobre su habitación o con su cónyuge sobre el próximo lugar de vacaciones.

«¡Suéltalo!», aconseja este hombre a su colega, que acaba de ser llamado injustamente al orden por su supervisor sin haber tenido la oportunidad de presentar sus puntos de vista.

«¡Suéltalo!», le dijo este hombre a su amiga, quien le explicó que su agenda estaba sobrecargada, que ya no podía conciliar todo, que estaba agotada, que ya no dormía.

¡Ya se corrió la voz! La palabra de uso general, usada en todo tipo de formas. La palabra mágica, la promesa de alivio, liberación, la resolución de todos nuestros problemas, la transformación de nuestro desasosiego en serenidad. ¡El «ábrete, Sésamo» al desarrollo personal del siglo xxi!

«¡Suéltame y todo será mejor!». ¡Fácil de decir! Pero, ¿cómo lo hacemos? Ante una situación perturbadora, podemos repetir durante meses o incluso años: «¡Tengo que dejarlo ir!». Pero esto no será suficiente, todos lo hemos experimentado.

Cualquiera que esté involucrado en un proceso de evolución personal comprenderá intuitivamente su significado, pero

¿hemos examinado el profundo significado de esta expresión, sobre su origen u orígenes, sobre las consecuencias que el dejar ir implica en nuestro modo de vida, en nuestras opciones de vida?

Dejar ir no es un destino de moda, es un viaje de toda la vida, día tras día, hora tras hora, minuto tras minuto. Es un enfoque que nos lleva por un camino que está en total oposición a los imperativos de nuestra sociedad moderna, es decir, la necesidad de ganar, de luchar, de ser más fuertes, de enfrentar, de resistir, de controlarlo todo.

Si buscamos sinónimos para la expresión «dejar ir», encontraremos verbos o expresiones como: «rendirse», «capitular», «abdicar», «renunciar», «ceder», «lidiar con», «someterse», «dejar de resistirse», «inclinarse», «aceptar»…, nociones que se supone que en nuestra sociedad reflejan una abyecta debilidad. ¡Qué dilema! ¿Cómo puedes dejarlo ir sin parecer débil?

Probablemente conocerás esta historia, contada en muchos libros de desarrollo personal: se dice que, para capturar un mono en el bosque ecuatorial, el cazador fija firmemente a un árbol una gran calabaza, previamente ahuecada, en la que ha colocado una naranja. El mono, atraído por la comida, mete la mano para agarrar la fruta. La abertura es lo suficientemente grande como para dejar entrar su mano vacía, pero no lo suficientemente grande como para que él la saque cuando agarre la naranja. No queriendo dejar caer su botín, se queda allí y lo atrapan. Sin embargo, todo lo que tenía que hacer era dejar la comida para preservar su libertad.

Esta historia ilustra la dificultad de dejar ir. De hecho, el dejar ir requiere nuestra flexibilidad, nuestra capacidad para llorar, y plantea muchas preguntas: ¿Cómo reaccionar ante lo que nos molesta o nos perjudica? ¿Deberíamos dejarlo ir? ¿Dejar ir excluye el control? ¿Cuándo dejarlo ir? ¿Cómo dejarlo ir?

¿Cuál es el lugar de acción en este proceso? ¿Tengo que renunciar a mis objetivos? ¿Existe alguna técnica que facilite el dejar ir? ¿Con la cabeza o con el cuerpo? ¿Cuál de ellos? ¿Cuál primero?

Estos interrogantes que plantea la práctica del dejar ir, los encontramos todos en un momento u otro, ya sea en la vida cotidiana, que genera «pequeñas molestias», o en las pruebas que provocan grandes sufrimientos.

¿Qué es dejar ir?

Podríamos decir que dejar ir es:

- una filosofía y un arte de vivir en total oposición al abandono o la pasividad;
- saber liberarse de una situación, de una persona, de una idea, de una posición, de un recuerdo… al que nos aferramos;
- no mantener más, no retener más;
- entender que nada es permanente, todo está en perpetuo cambio;
- aceptar el proceso natural e inevitable de este cambio;
- aceptar todo lo que se presenta, sin rechazar lo negativo, sin dar demasiada importancia a lo positivo y sin tratar de adaptar las cosas a nuestros propios deseos;
- considerar cualquier dificultad como un paso que nos ayuda a crecer: un crecimiento acelerado;
- permanecer sereno, relajado y de buen humor, sean cuales sean las circunstancias;
- entender que las cosas son tan importantes como tú quieras que sean;
- vivir en el presente, sin arrepentirse del pasado ni anticipar el futuro;

- hacer todo lo posible, sin querer controlarlo todo, entendiendo que el resultado final no siempre está en nuestras manos;
- no ser indiferente, pero admitir que no podemos actuar en lugar de los demás;
- dejar que otros manejen su propio destino, sin ser su madre;
- ponernos en el lugar del otro tratando de entender sus motivaciones, lo que no significa disculparse por sus acciones, y aceptando que tienen un punto de vista diferente al nuestro;
- no juzgar, sino conceder a otros el derecho a ser humanos y vulnerables.

Esta lista nos muestra hasta qué punto este proceso requiere de nosotros un compromiso permanente de autoconocimiento, de observarnos a nosotros mismos, de trabajar en la comprensión de nuestros comportamientos y de desarrollar una gran tolerancia hacia nosotros mismos y hacia los demás. Dejar ir es, por lo tanto, un proceso muy activo, contrario a lo que la palabra podría sugerir, y en ningún caso un acto de renuncia o abandono.

Preguntas que debes hacerte para empezar a dejar ir:

- ¿Cuáles son mis archivos adjuntos?
- ¿Qué es lo que más contamina mi vida hoy en día?
- ¿Cuáles son las certezas, obligaciones, etc., que me impiden seguir adelante y me hacen sufrir?
- ¿Cuáles son mis miedos? (No poder hacerlo, no hacerlo bien, no ser lo suficientemente bueno, no ser lo suficientemente competente, que mi familia, mis hijos, mis amigos, mis colegas… piensen que…)

Haz una lista de estos apegos y temores y ponlos en orden de importancia o de molestia.

Pon en marcha un trabajo progresivo: «No puedo dejar ir a todo a la vez».

Comprende que tus certezas, tus apegos, están ligados a tus creencias, y toma conciencia de estas creencias.

Clave 10 - Cambia tus creencias

Cada uno de nosotros ve el mundo a través de un par de gafas que son únicas para nosotros y en las que hay filtros debido a nuestra historia, nuestro entorno, nuestra educación, nuestro origen, etc. Nuestra visión del mundo, de los demás y de nosotros mismos está condicionada por nuestros juicios e interpretaciones.

Podemos distinguir dos tipos de creencias: las creencias de ayuda, que son beneficiosas para nosotros y que podemos mejorar, y las creencias de limitación y bloqueo, que nos frenan, nos hacen sufrir y sobre las que ponemos todo el interés en cuestionarlas para transformarlas. ¿Cómo? ¿Cómo? ¡Cambiándonos las gafas! Considerando que no hay una sola percepción del mundo y cambiando nuestra visión de los desafíos que la vida nos presenta.

Para cambiar nuestras creencias, es necesario e indispensable:

- alejarnos de nuestros hábitos y certezas;
- salir fuera de nuestra zona de confort;
- aceptar que no podemos controlarlo todo;
- desarrollar la creencia de que somos capaces de adaptarnos a lo inesperado.

Con la imagen, es más fácil…

Piensa en el mono que no suelta la naranja. Imagina que has estado sosteniendo un objeto en tu mano durante varias horas.

Sientes una tensión intensa y dolorosa. ¿Cómo podemos detener este sufrimiento? Dejando que se vaya. El objeto cae y tú te sientes aliviado inmediatamente. Sencillo, ¿no es así?

Todo lo que tienes que hacer es responder a tres preguntas:

- ¿Qué dejar ir? Respuesta: el objeto.
- ¿Quién va a soltarlo? Respuesta: la mano.
- ¿Cómo dejarlo ir? Respuesta: abriendo la mano.

Entonces, ¿por qué es tan difícil cuando se trata de la mente?

- ¿Qué puede dejar ir la mente? Sobre todo las emociones dolorosas dentro de nosotros, nuestros miedos, ansiedades, dudas, etc.
- ¿Quién va a soltarlo? Nuestra mente, nuestro ego, que se encoge dolorosamente ante una situación, como la mano sobre el objeto.
- ¿Cómo dejarlo ir? Abriéndonos al momento presente, a través de la imaginación, la visualización, la creatividad, dejando nuestra mente libre.

Dejar ir es un trabajo psicológico sobre las emociones cuando, precisamente, es tan difícil no reaccionar bajo la influencia de una emoción. ¡Un verdadero desafío!

Después de leer este capítulo, habrás comprendido que la actitud positiva es un virus que se propaga a tu alrededor, ya sea en tu vida profesional o personal, para vivir en armonía contigo mismo y con los demás.

CUARTA PARTE

¿Preparado?
Pasa a la acción

La persistencia es el camino hacia el éxito.

Cita atribuida a CHARLIE CHAPLIN, actor y director inglés

Algunas actividades nos ayudan a guiarnos hacia la relajación, a dejarnos llevar, y nos permiten dar un paso atrás en el estrés diario. Practicadas en casa o fuera de ella, en grupo, favorecen el equilibrio y pueden ayudarnos a hacer frente a una vida cotidiana a veces azarosa.

A continuación presentaremos las más populares. Para más información, puedes consultar la bibliografía al final del libro.

Actividades que favorecen el movimiento

El yoga

Esta disciplina, originaria de la India, existe desde hace más de cinco mil años. Más que una simple gimnasia, es un enfoque global de la salud. Su nombre en sánscrito significa «reunir», «conectar». Hay muchas formas de yoga, pero todas buscan la realización, el autoconocimiento y el bienestar. Su objetivo es la búsqueda de la armonía, el logro de la unidad del cuerpo y la mente a través de un viaje: el desapego, el cese de las actividades mentales, la satisfacción. Entre las formas de yoga, la más conocida para los occidentales es el Hatha Yoga, una disciplina de armonización y desarrollo de las facultades psicológicas (concentración, serenidad) y físicas (poder y flexibilidad). Pero también podemos mencionar el Mantra Yoga, en el cual el mantra es un soporte para la meditación, y el Tantra Yoga, que presenta un acercamiento a la energía a un nivel sutil y del cual se derivan otros tres yogas: Shivaísmo de Cachemira, Kundalini Yoga y Yoga Nidrâ.

El chikung

El origen del chikung se pierde en la noche de los tiempos, en China, en el Reino Medio, hace unos cinco mil años o más. Además de fortalecer la fuerza y el equilibrio, el chikung proporciona relajación al cuerpo porque los movimientos son lentos, relajados y flexibles. Esta relajación se profundiza por la respiración más lenta. En este estado, el adepto tiene la oportunidad de sentir el interior de su cuerpo y desarrollar una percepción sutil de su entorno. La alianza cuerpo/mente durante la práctica nos permite descubrir con el tiempo la interacción de las fuerzas del cielo y de la tierra y el lugar que ocupamos entre ellas. El chikung trae consigo tanto el arraigo del cuerpo en el suelo como su apertura al mundo. Los tres principios son: pensamiento correcto, movimiento correcto y respiración correcta.

El taichichuan

Creado por el monje taoísta Zhang Sanfeng en el siglo xv, este arte marcial se basa en el dominio de la respiración y los gestos. El seguidor lucha contra un oponente imaginario (aunque algunos ejercicios se pueden hacer en parejas). La flexibilidad, la fuerza interior y el dejar ir gobiernan esta práctica.

Es una inteligente mezcla de gestos y posturas lentas y flexibles que evocan tanto una danza ligera como una lucha a cámara lenta. La respiración también está en el centro de los ejercicios.

El taichichuan es un método probado para tomar conciencia de cada parte del cuerpo, controlar el estrés, recuperar la calma y entrar en una relajación profunda.

Actividades que favorecen el tacto

Automasajes

Con el ritmo frenético que llevamos, a veces es difícil sacar todas las tensiones de la vida diaria. El automasaje puede ayudarte a conseguirlo. La ventaja: no se necesita ningún equipo caro, sólo hacen falta las manos, así como algunas técnicas básicas.

El doin: esta técnica, desarrollada en China hace cinco mil años, nos ayuda a preservar la buena circulación del Qi, nuestra respiración vital, simplemente presionando los dedos para estimular varios puntos de acupuntura.

Los profesionales y los practicantes son formales: el doin relanza las principales funciones del cuerpo, a saber, la respiración, la circulación y la digestión, y regula el sistema nervioso.

Reflexología podal: ¡es la mejor! Se practica en las plantas de los pies, el «salpicadero» de todo el cuerpo. Activa la circulación sanguínea, borrando las limitaciones del día, y es una valiosa herramienta para la estimulación energética y la relajación.

Reflexología de manos: ¡también es fantástica! Más fácil de practicar en todas las circunstancias y de forma más discreta. Los beneficios son los mismos que los que se sienten a través de la reflexología podal.

Encontrarás fácilmente videos cortos en Internet que te mostrarán cómo practicar el automasaje, por la mañana para despertar las energías del cuerpo, durante el día para reenfocarte, al final del día para calmar las tensiones. Unos minutos que pueden cambiar tu vida.

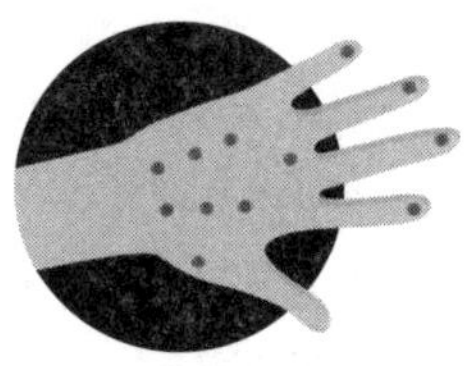

Shiatsu

El shiatsu («presión con los dedos» en japonés) es una disciplina energética relajante que se ha practicado durante milenios en el Lejano Oriente y que consiste en estiramientos y presiones aplicadas a todo el cuerpo. El practicante aplica con cierta frecuencia presión con los dedos, especialmente con los pulgares. El estiramiento promueve una mejor circulación de la energía. No es un masaje, ni una ideología, ni una medicina en el sentido occidental del término, el shiatsu es un método de relajación y bienestar en el campo de la prevención y dirigido a reequilibrar las energías entre los diferentes puntos del cuerpo mediante la liberación de bloqueos y la restauración de un flujo de energía correcto.

Reiki

El reiki es una medicina no convencional de origen japonés, basada en tratamientos energéticos por imposición de manos. Según sus practicantes, uno de los objetivos del reiki es aliviar el sufrimiento así como traer calma mental, paz interior y bienestar general.

Redescubierto a finales del siglo XIX por un monje de Kioto, el reiki tiene sus raíces en las diversas corrientes del pensamiento budista y sintoísta. Presentada con demasiada frecuencia como una simple técnica de curación, es sobre todo un arte de sanación y una filosofía de vida. Considerando los trastornos físicos y psicológicos como indicadores de desarmonía interna, el reiki permite a todos canalizar la Energía Universal y así lograr el crecimiento personal y espiritual.[9]

Algunos practicantes asocian el reiki con la activación de los siete chakras.

Actividades que favorecen la vista y el oído

Mandalas:
para calmar, reequilibrar, reenfocar, unificar

El mandala es un dibujo organizado que gira en torno a un punto central. Se compone, en la base, de un círculo y un punto. La palabra «mandala» viene del sánscrito y significa «círculo», «circunferencia». No es un simple dibujo, es una herramienta que, a la vez que desarrolla nuestra creatividad, nos permite enfocarnos, armonizarnos y transformarnos. Trabaja

---

9. Patrice Gros, *L'art et la pratique spirituelle du Reiki,* Éditions Alphée.

en cuatro niveles de conciencia, por lo que puede tener efectos a nivel físico, psíquico o psicológico, así como a nivel espiritual. Al entrar en el círculo, se produce un cambio vibratorio: los dos hemisferios del cerebro se unen, lo que conduce a la armonización de las dualidades y a la unificación de los opuestos.

Mantras

En el hinduismo y el budismo, el mantra es una fórmula condensada formada por una serie de sonidos repetidos muchas veces siguiendo un cierto ritmo. Este término sánscrito significa «arma» o «herramienta de la mente» (manas), y el sufijo *-tra*, por sí mismo, significa «protección», de ahí la definición estándar de «protección de la mente». Basado en el poder del sonido, el mantra apunta a canalizar la mente discursiva. A través de su vibración y resonancia, el sonido transforma su entorno, así como a las personas que lo producen. Como el mantra se repite muchas veces para tener un efecto, introduce la noción de ciclo. El más conocido es el sonido «Om» o «Aum». El «Amén» de los cristianos es también un mantra, aunque hayamos perdido el hábito de usarlo como tal.

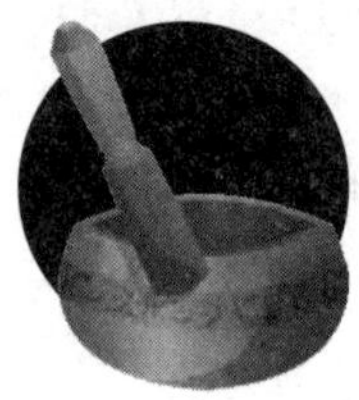

Cuencos tibetanos

Los cuencos tibetanos son misteriosos instrumentos utilizados por los lamas en el Himalaya. Emiten una resonancia extraordinaria que provoca un estado de paz y unidad mucho más allá de la relajación, que permite la liberación de las tensiones acumuladas. Los cuencos se componen de siete metales asociados a siete astros del sistema solar, así como a los siete días de la semana con los que se corresponden:

- oro: Sol/domingo;
- plata: Luna/lunes;
- hierro: Marte/martes;
- mercurio: Mercurio/miércoles;
- estaño: Júpiter/jueves;
- cobre: Venus/viernes;
- plomo: Saturno/sábado.

También están conectados a los siete chakras.

Poderosas vibraciones se extienden desde el cuenco, penetrando todo el cuerpo y extendiéndose rápidamente a través de los órganos, músculos, células e incluso del esqueleto. Estos sonidos vibratorios actúan a nivel físico, emocional y mental, y permiten que el cuerpo se vuelva a armonizar. Los cuencos tibetanos son cada vez más utilizados por los entusiastas de la meditación.

Musicoterapia

La música se compone de varios elementos (ritmo, melodía, armonía, timbre, tiempo, matices, intensidad…) que despiertan emociones y dan lugar a imágenes. Influye en nuestro metabolismo al afectar nuestra respiración, nuestra frecuencia cardíaca y nuestra presión arterial. También estimula la producción de endorfinas, una hormona natural que está ligada a la sensación de placer y calma el dolor. Por lo tanto, ayuda a reducir nuestro nivel de estrés y nos proporciona la tranquilidad necesaria para el proceso de dejar ir. Ya en la Antigüedad, Platón consideraba que la música era capaz de restaurar la armonía entre el alma y el cuerpo. Por supuesto, es mejor elegir música suave si quieres relajarte. Y si te falta energía, opta por una música rítmica que te haga querer bailar… ¡sin que sea ensordecedora!

Actividades que favorecen la interiorización

Meditación

La meditación es uno de los mejores métodos para combatir las tensiones físicas y morales, reducir la ansiedad y el estrés diario, y salir del frenesí de nuestra vida moderna. Algunas personas piensan que para meditar es absolutamente necesario aislarse de los demás y del mundo exterior y adoptar una posición particular: es un error, porque la meditación no está ligada a una actividad o restricción particular. Puedes meditar en cualquier momento y en cualquier lugar, cocinando, limpiando, caminando, cultivando un huerto, etc. La meditación es «vida»… ¡Pero con conciencia! Y esta conciencia lo cambia todo.

Sofrología

La sofrología es un método desarrollado en 1960 por el Dr. Alfonso Caycedo, psiquiatra de origen colombiano. Resultante de diferentes técnicas de relajación (Schultz, Jacobson, Vittoz…) y corrientes orientales (yoga, budismo, zen…), pretende restablecer el equilibrio del ser humano para conseguir una mejor integración en su entorno.

La palabra viene de:

Sos: que significa «equilibrio, armonía».
Phren: que significa «espíritu, psique, conciencia».
Logos: que significa «ciencia, discurso, estudio».

La sofrología nos permite acceder a:

- **la armonía biológica:** vivir plenamente en nuestro cuerpo, lograr la relajación física y mental, reenfocarnos;
- **la armonía psicológica:** desarrollar un estado mental más positivo, manejar el estrés y las emociones, hacer cambios internos profundos, reconciliarnos con nuestro pasado;
- **la armonía sociológica:** desarrollar nuestra capacidad de adaptación a los estímulos del mundo exterior, desarrollar relaciones armoniosas con los demás, desarrollar y afirmar nuestra personalidad.

EN LA PRÁCTICA - La sofrología ofrece técnicas estáticas (tumbado o sentado) y técnicas de relajación dinámica (de pie).

Técnica estática: tumbado o sentado, con los ojos cerrados, en la postura más cómoda posible, permanece inmóvil y simplemente déjate guiar por la voz suave y tranquilizadora del sofrólogo. Gracias a su ritmo lento, a las palabras elegidas y a las visualizaciones relajantes, te ayudará a sacar todas las tensiones físicas de tu cuerpo mediante la relajación de todos tus músculos. Si consigues la relajación física, podrás alcanzar más fácilmente la relajación mental. La relajación básica (denominada sofronización de base) se complementará, si es necesario, con visualizaciones creativas que te permitirán proyectarte hacia el futuro de una manera positiva (activación intrasofrónica).

La relajación dinámica, en cambio, se practica de pie después de sesiones estáticas para integrar el protocolo de sofronización de base. Luego, el sofrólogo te guiará en la realización de ciertos movimientos con el objetivo de volver a conectarte con tu cuerpo para que seas consciente de tu lugar en el espacio, en el Universo.

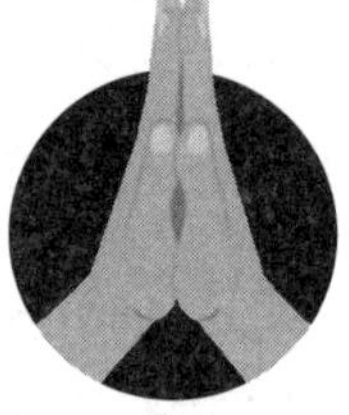

La oración

La oración puede referirse simplemente a las palabras articuladas por el creyente que intenta conectarse con lo divino, con lo sagrado. Si es mecánico, los efectos serán mínimos. Por otra parte, si esto significa abandono por parte del recitador, su mente puede encontrar un mayor grado de sinceridad y humildad con respecto a sus límites y a su impotencia. Orar es abrir el corazón y confiar en una fuerza (o fuerzas) superior, a la que llamamos «Dios» o no según nuestras creencias. Este abandono aligera nuestra carga y nos da «un tiempo para descansar» cuando nos enfrentamos a acontecimientos dolorosos. La oración nos consuela porque nos da la sensación de que no estamos solos.

Éstas son sólo algunas de las ideas que propongo aquí. De ti depende averiguar cómo encontrar actividades cerca de tu casa que puedan ayudarte a manejar tu estrés. Deja que tu intuición te lleve a tomar tus decisiones y ponerlas a prueba. Los momentos que vas a dedicar a una práctica, cualquiera que sea, deben ser momentos de placer, momentos que te ofreces a ti mismo como un regalo que te vas a dar a intervalos regulares. Cuando hagas tu elección, trata de atenerte a ella, pero no te sientas culpable si pierde una sesión de vez en cuando. Te animo a que tengas un mínimo de disciplina, porque siempre tenemos buenas excusas para posponer los momentos de relajación.

¡REÚNETE CONTIGO MISMO PARA TRABAJAR POR TU BIENESTAR!

Conclusión

Hemos llegado al final de este libro.

Espero haberte proporcionado toda la información necesaria para comprender los mecanismos que tienen lugar, sin que nosotros tengamos el control, cuando nos enfrentamos a situaciones estresantes. Puedes obtener más información sobre los cambios físicos, psicológicos y biológicos generados por el estrés consultando los recursos de Internet o la bibliografía que aparecen a continuación.

A medida que leías, has comprendido la importancia de tomar conciencia de tus comportamientos, creencias y resistencias que a veces influyen negativamente en tu vida cotidiana. También te has dado cuenta de que el cuerpo y la mente no pueden funcionar el uno sin el otro, y que es esencial desarrollar estrategias que combinen ambos.

Espero que también hayas encontrado en estas páginas los elementos que te ayuden a implementar nuevos patrones de pensamiento y a tomar acciones que beneficiarán tu equilibrio.

El contenido de este libro es el resultado directo de la formación que ofrezco regularmente en el ejercicio de mi profesión como sofróloga —ya sea en sesiones individuales o grupales— a personas que me piden que les ayude a sobrellevar el estrés. Por lo tanto, mi enfoque ha sido decididamente práctico con el fin de proporcionar unas claves que sean fáciles de utilizar y eficaces a corto plazo.

Pero, por supuesto, no basta con leer este libro. Por lo tanto, te animo a que repitas periódicamente las pruebas propuestas en la Segunda Parte, ya que se trata de una forma de introspección, la cual es esencial si quieres cambiar tu comportamiento y tus puntos de vista.

También te invito a practicar con regularidad los ejercicios de la Tercera Parte. Elige los más cómodos para que puedas sacar el máximo provecho de ellos. Los más sencillos los memorizarás con facilidad. Puedes grabar otros para escucharlos en cualquier lugar y dejarte mecer por tu propia voz. También puedes pedirle a alguien que los grabe.

En cualquier caso, deja que tu intuición te guíe para que tu aprendizaje sea sinónimo de relajación y no de restricción estresante, ¡sería el colmo!

Este libro es sólo el comienzo de una gran aventura: encontrar el camino hacia el bienestar. Puede que tengas momentos de desánimo, porque no es fácil cambiar tus automatismos y condicionamientos, pero apuesto a que tu determinación será la más fuerte.

¡Bienvenido al planeta Serenidad!

Y recuerda esto:

La felicidad no es un destino, sino un viaje de toda la vida.

Recursos

Francia

www.fedecardio.org/notre-documentation

www.mangerbouger.fr

www.passeportsante.net

www.coherence-cardiaque.com

www.coherenceinfo.com

www.meditationfrance.com

www.harmonie-prevention.fr

www.who.int/fr (Web de la Organización Mundial de la Salud)

www.autosuggestion.fr

Canadá

www.stresshumain.ca

www.alchymed.com

www.defisante.ca

www.cmha.ca (Asociación Canadiense para la Salud Mental)

www.cchst.ca (Centro Canadiense de Higiene y Seguridad en el Trabajo)

www.promosante.org

www.canada.ca (Agencia de Salud Pública de Canadá - ASPC)

Bibiografía

Andr é, Ch.: *Méditer jour après jour,* L'Iconoclaste, 2011.

André, Ch. y Lelord, F.: *L'estime de soi,* Odile Jacob, 2008.

Blanc, B.: *Être bien dans son corps, être bien dans sa tête,* Chronique Sociale, 2007.

Bonnet, W.: *Halte au stress,* L'Alpha L'Oméga, 1996 (agotado).

Bouchard, S.: *Le pouvoir de la méditation,* Éditions de Mortagne, 2016.

Carnegie, D.: *Triomphez de vos soucis : vivez que diable!,* 1.ª ed., Flammarion, 1944.

Ciussi, D.: *Pratiquer l'instant présent,* E.F.P.A. & SoleilLevant, 2007.

Colombo, F.: *Déguster la joie,* Ellébore, 2007.

—: *Le yoga au quotidien,* Eyrolles, 2006.

Côté, M.: *Maître de son temps,* Transcontinental, 2007.

Davrou, Dr. Y.: *La sophrologie facile,* Marabout, 2010.

Etchelecou, B.: *Comprendre et pratiquer la sophrologie,* InterEditions, 2007.

Finley, G.: *Lâcher prise,* Pocket, 2008.

Gilbert, F.; Leca, Dr. A. y Guyon Gelin, C.: *Vivre mieux au quotidien,* Chronique Sociale, 2011.

Goleman, D.: *L'intelligence émotionnelle,* J'ai Lu, 2000.

Gros, P.: *L'art et la pratique du reiki,* Alphée, 2006.

Hay, L.: *Transformez votre vie,* Vivez Soleil, 1994.

Kushi, M.: *Le livre du do-in : exercices pour le développement physique et spirituel,* Guy Trédaniel, 2007.

Labro, P.: *Tomber sept fois, se relever huit,* Albin Michel, 2003.

Leygues, A. B.: *Do-in : la voie de l'énergie,* Marabout, 2014.

Magnes, J. P. y Teyssier d'Orfeuil, L.: *La méthode Coué,* 1.ª ed., Eyrolles, 2011.

Poletti, R. y Dobbs, B.: *Petit cahier d'exercices de lâcher-prise,* Jouvence, 2008.

Portelance, C.: *Les sept étapes du lâcher-prise,* Jouvence, 2009.

Réquéna, Y.: *À la découverte du qi gong,* Guy Trédaniel, 2008.

Ricard, M.: *Plaidoyer pour le bonheur,* Nil, 2003.

Roux-Fouillet, L.: *La sophrologie au féminin,* Presses de la Renaissance, 2008.

Salomé, J.: *Le courage d'être soi,* Éditions du Relié, 1999.

Seydoux, E.: *Méditer les mains dans les poches,* Éditions de Mortagne, 2013.

Souzenelle, A.: *Le symbolisme du corps humain,* Dangles, 1984.

Steiner, C.: *L'A.B.C. des émotions,* Dunod / InterEditions, 2005.

Stettbacher, J. K.: *Pourquoi la souffrance: la rencontre salvatrice avec sa propre histoire,* Aubier, 1991.

Stettler, S. y O.: *Le secret des auto-massages chinois,* Jouvence, 2003.

Suzuki, S.: *Esprit zen, esprit neuf,* Seuil, 1977.

Truchot, C.: Do-in, *Shiatsu – Trouver le bien-être: techniques de revitalisation,* Courrier du Livre, 2005.

Tsai, Ch. Ch.: *Les origines du Zen,* BDLys, 2001.

Turgeon, M.: *Découvrons la réflexologie,* 1re éd., Éditions de Mortagne, 1980.

—: *Énergie et réflexologie,* Éditions de Mortagne, 1985.

Índice